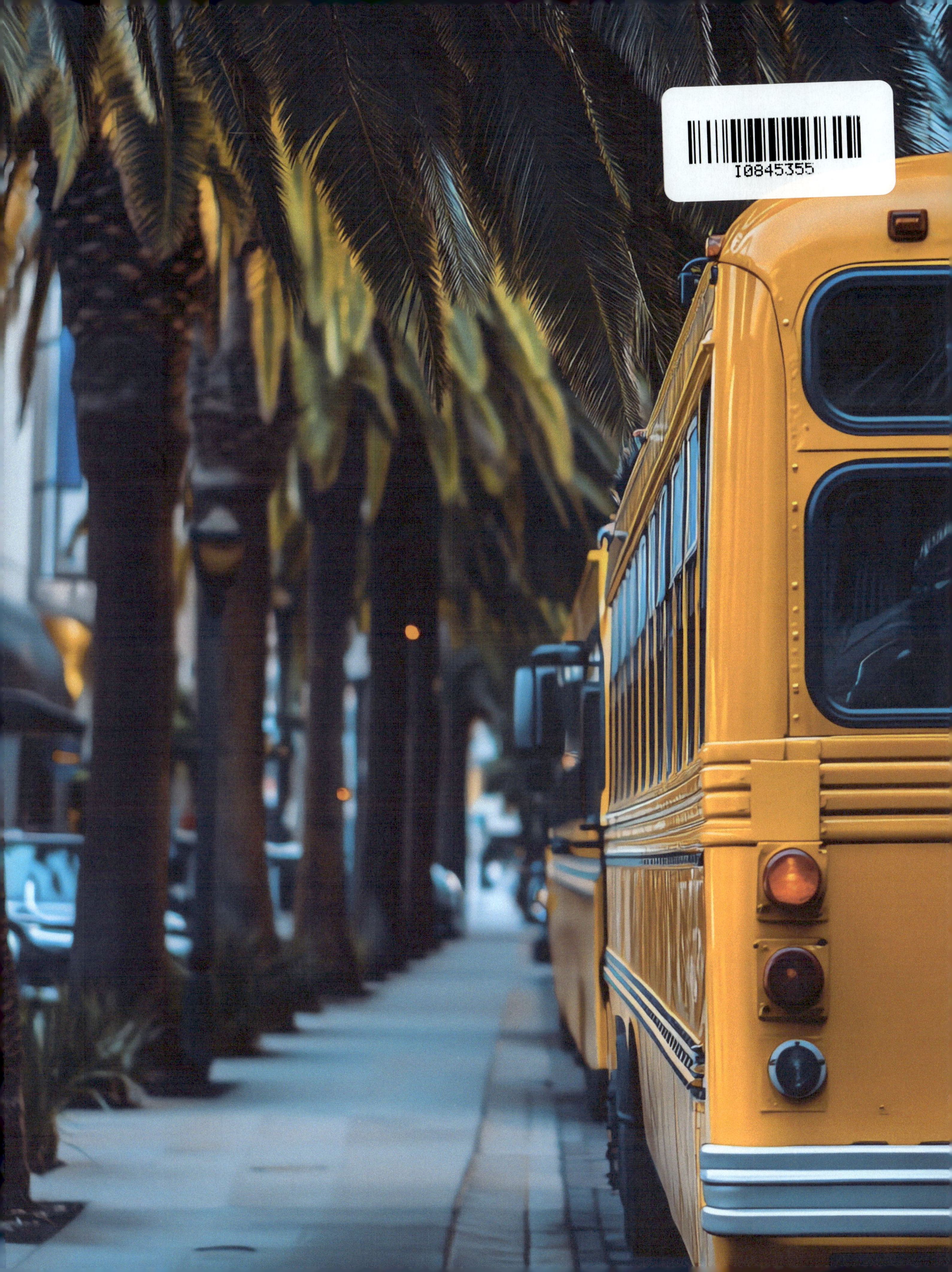
I0845355

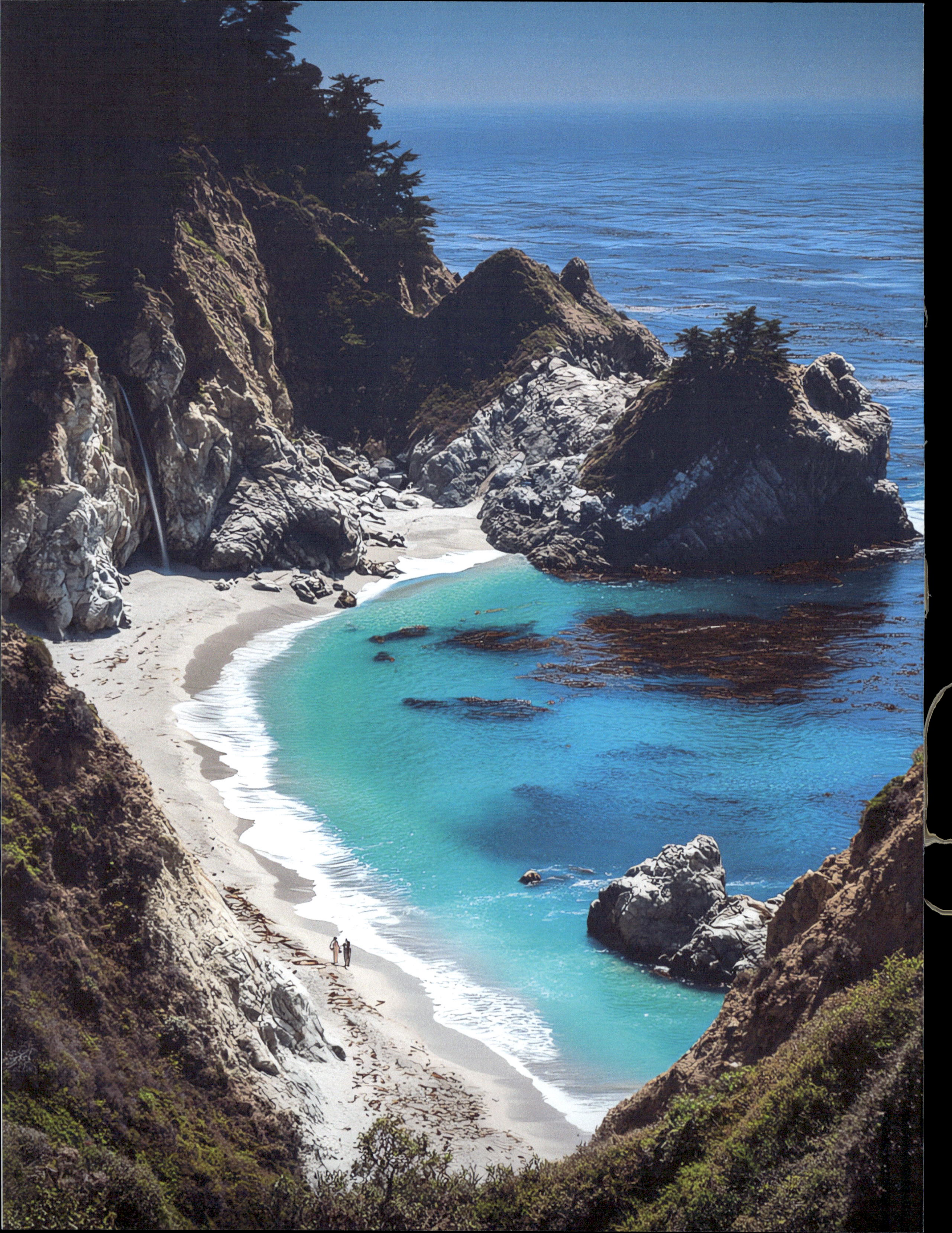

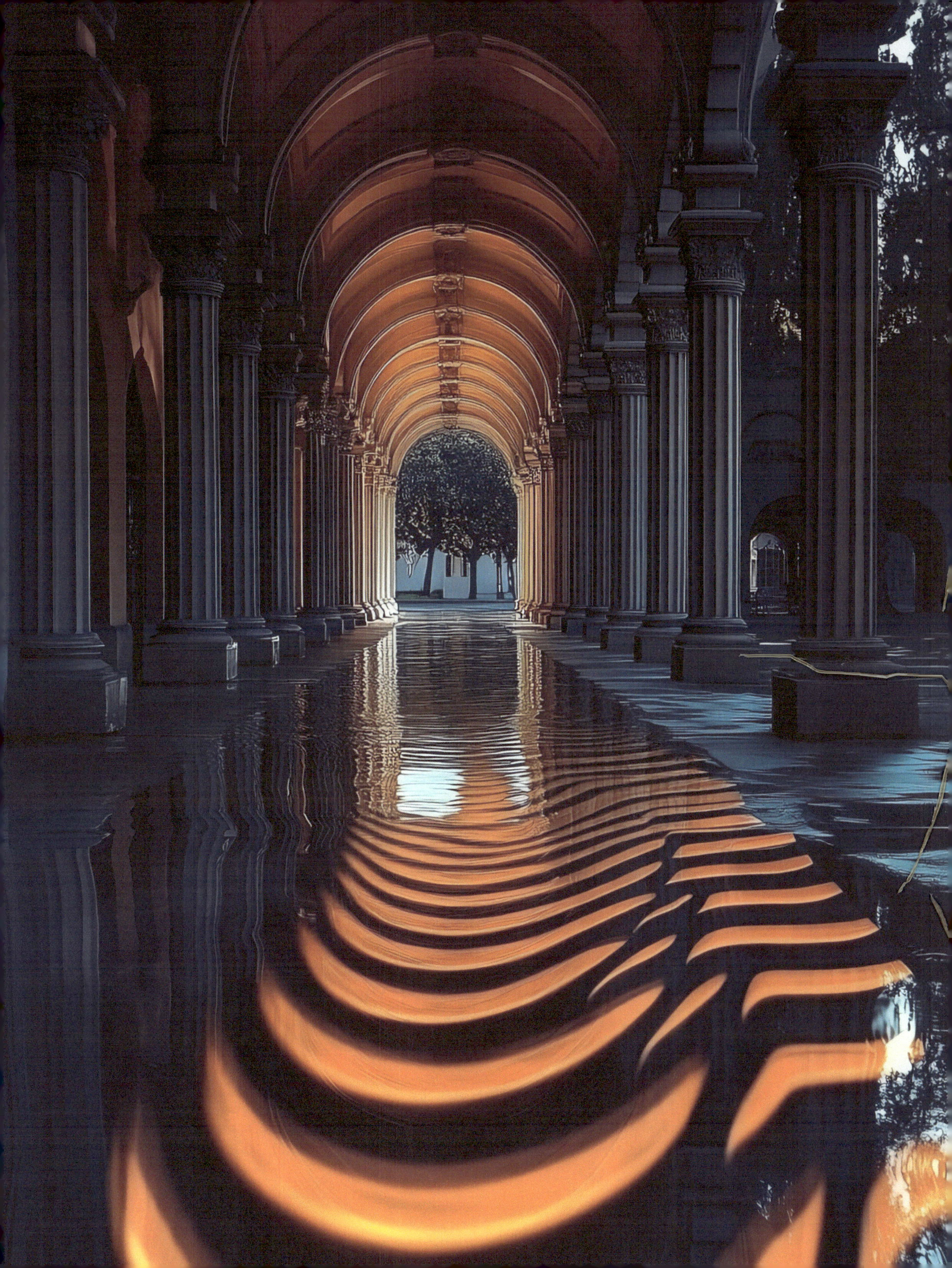

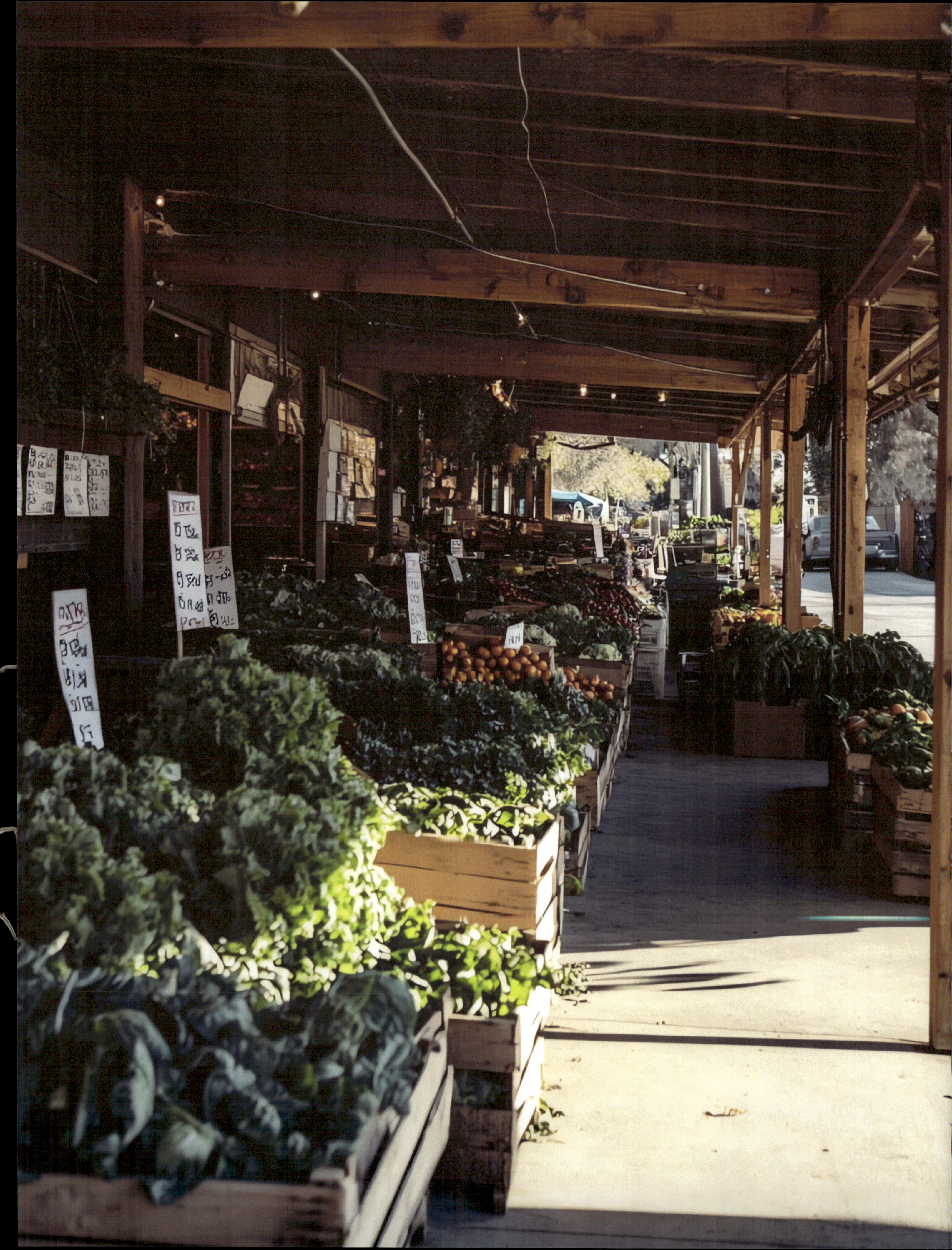

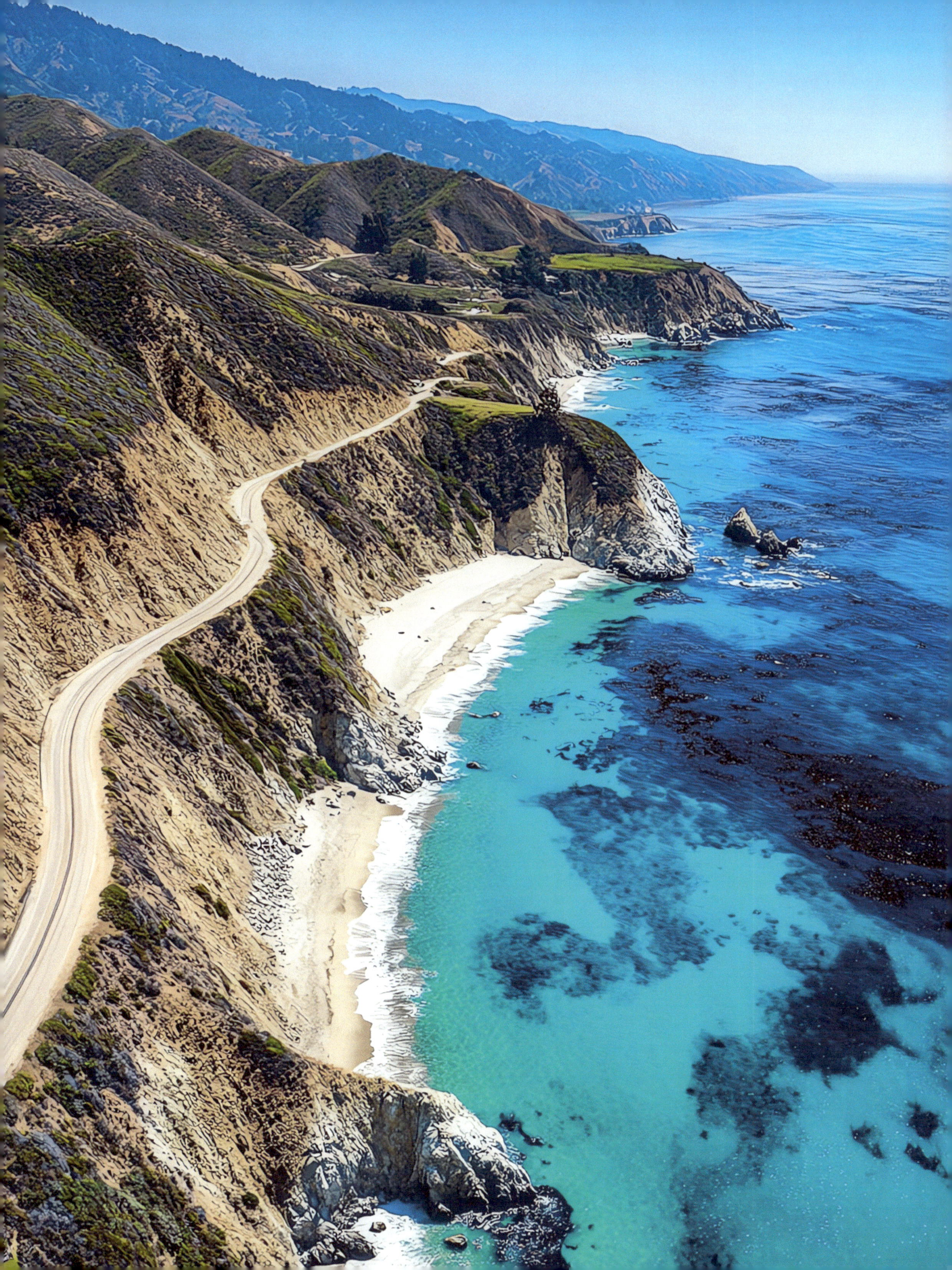

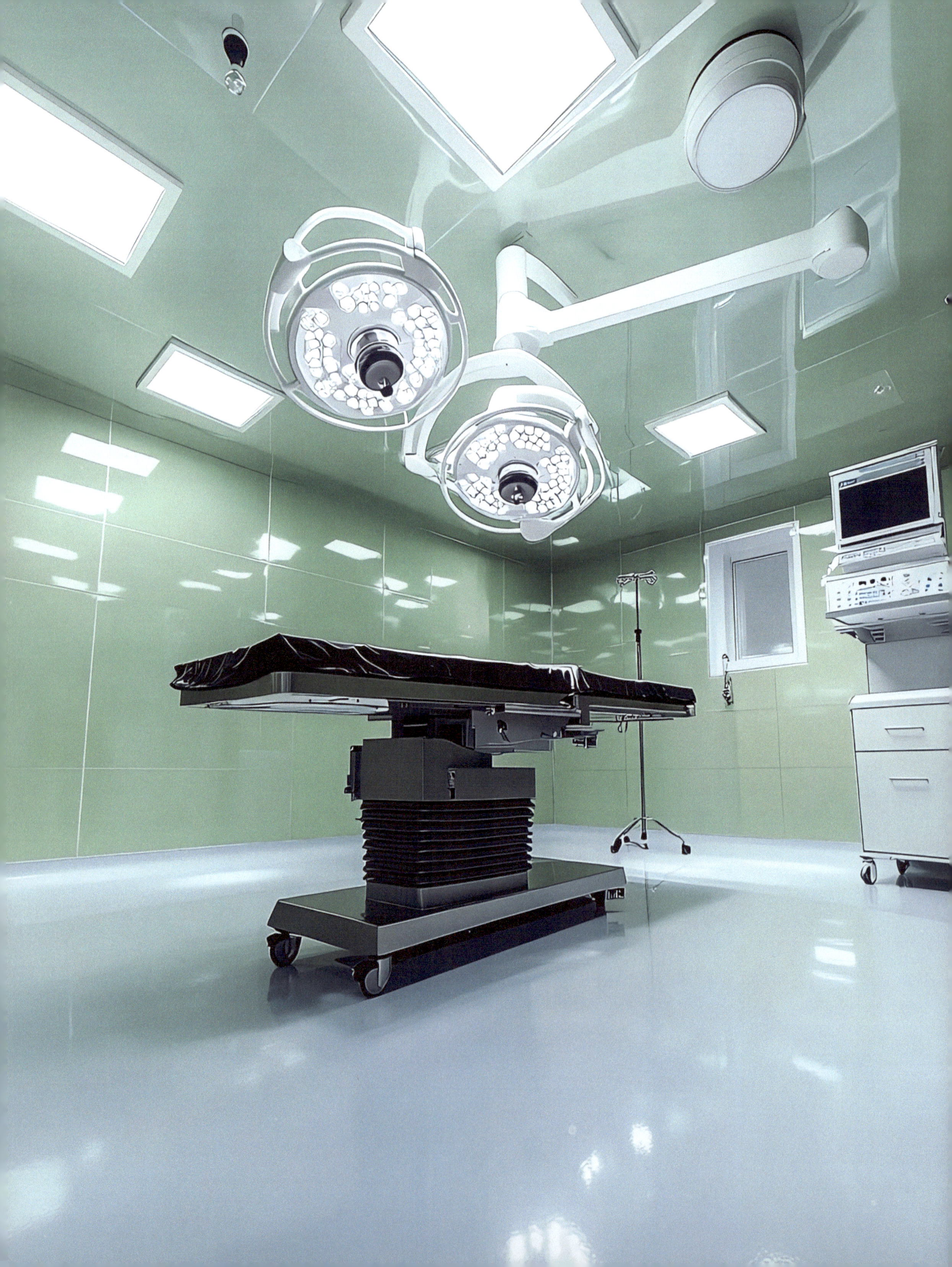

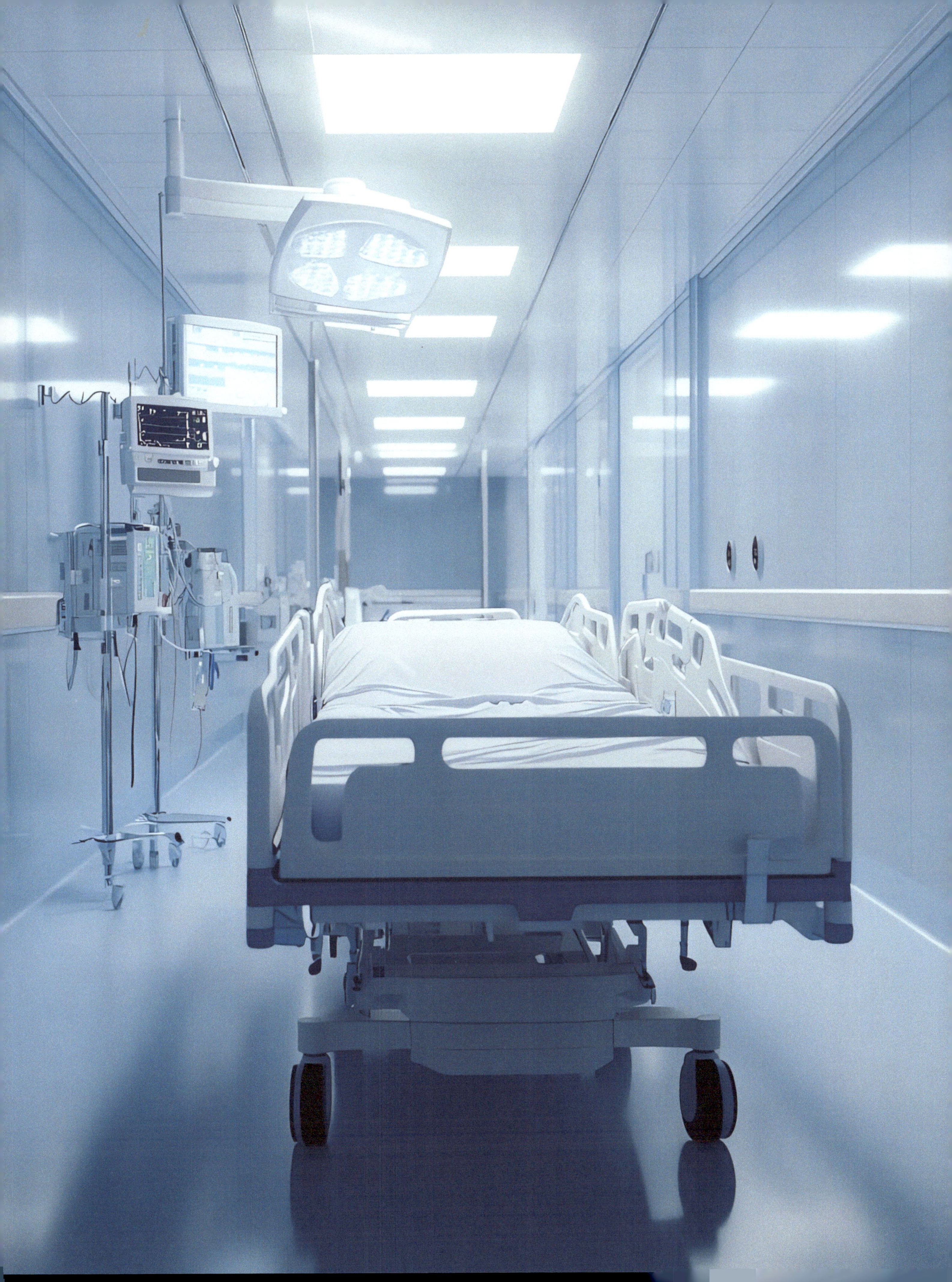

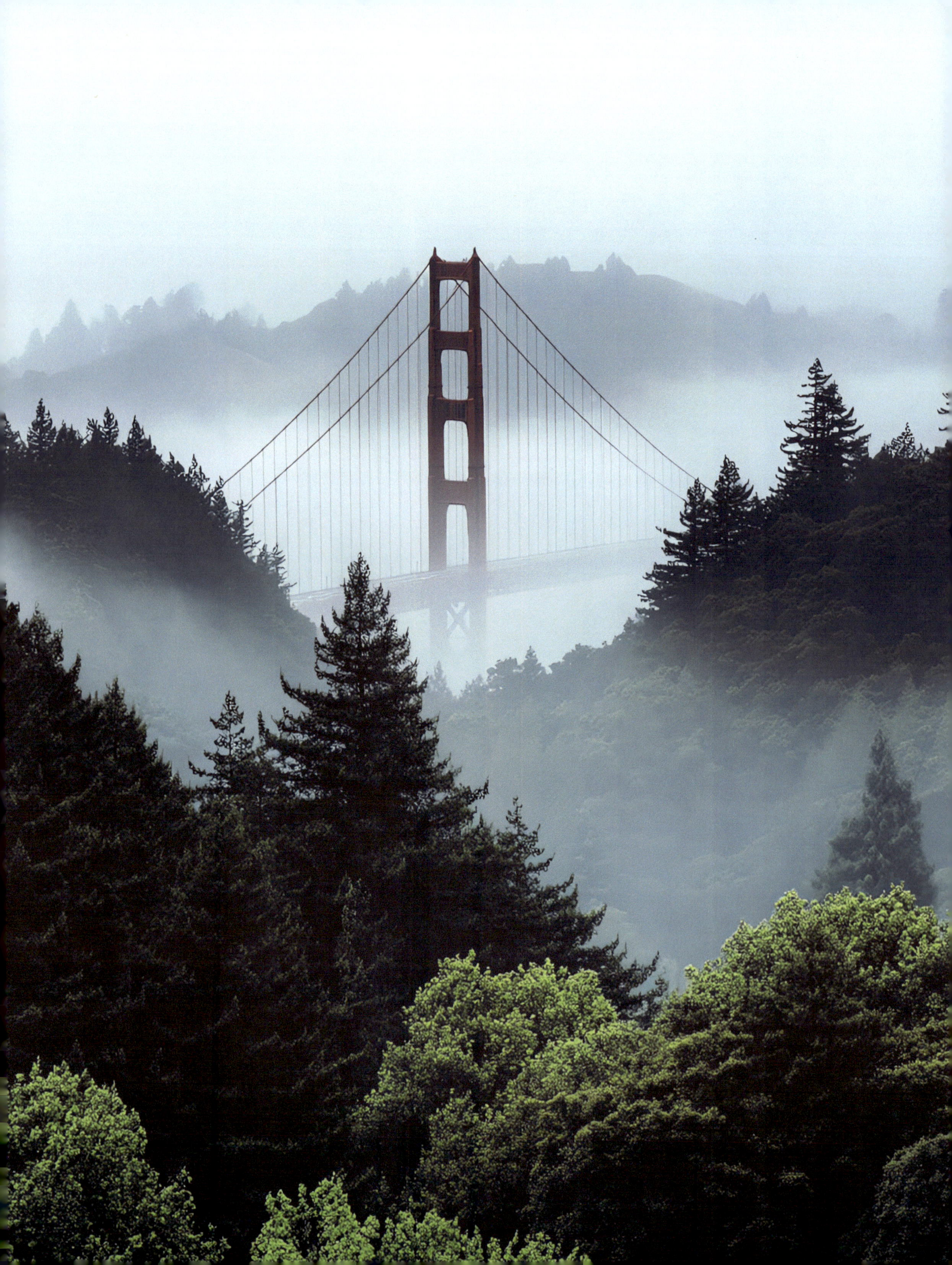

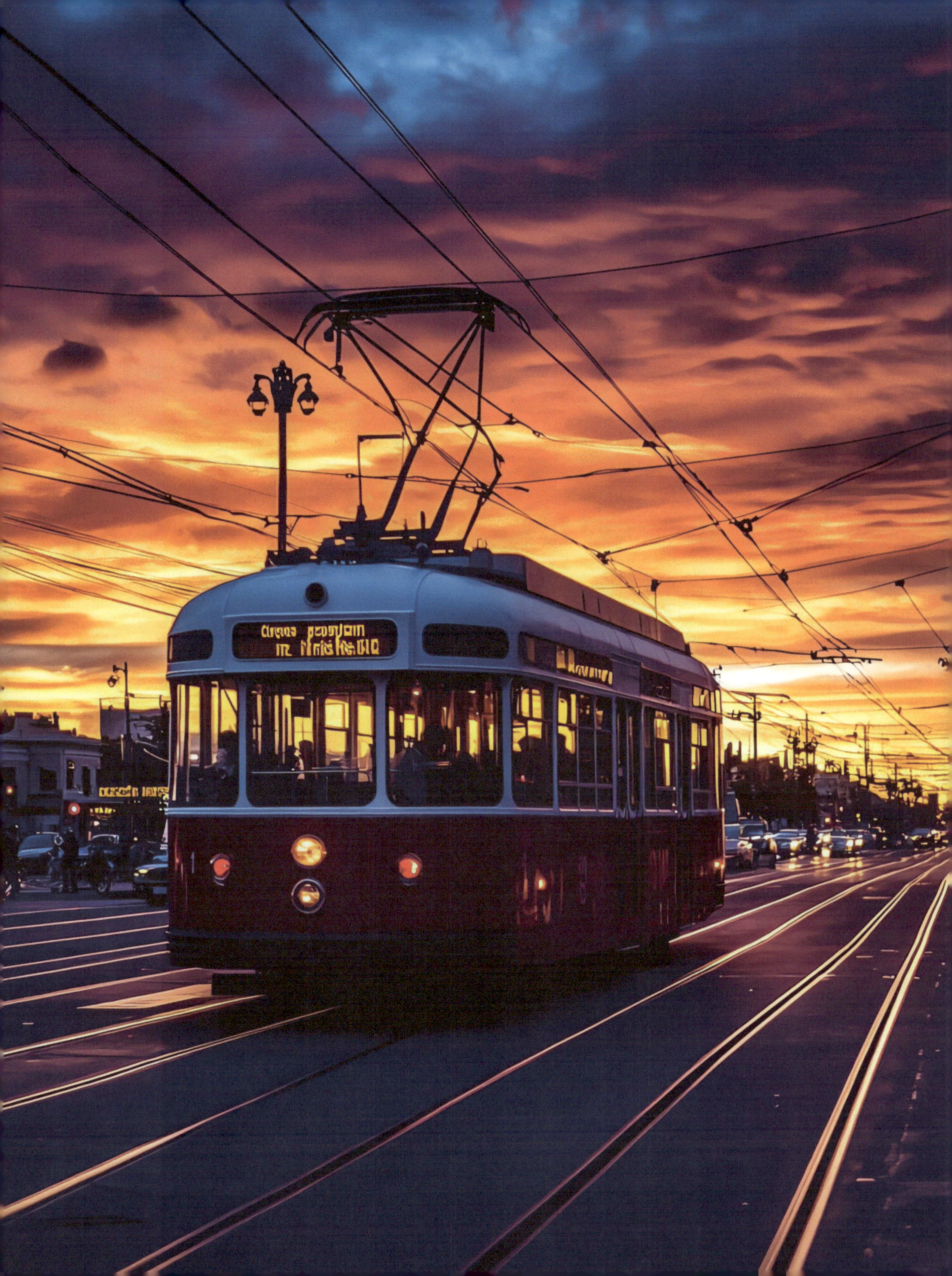

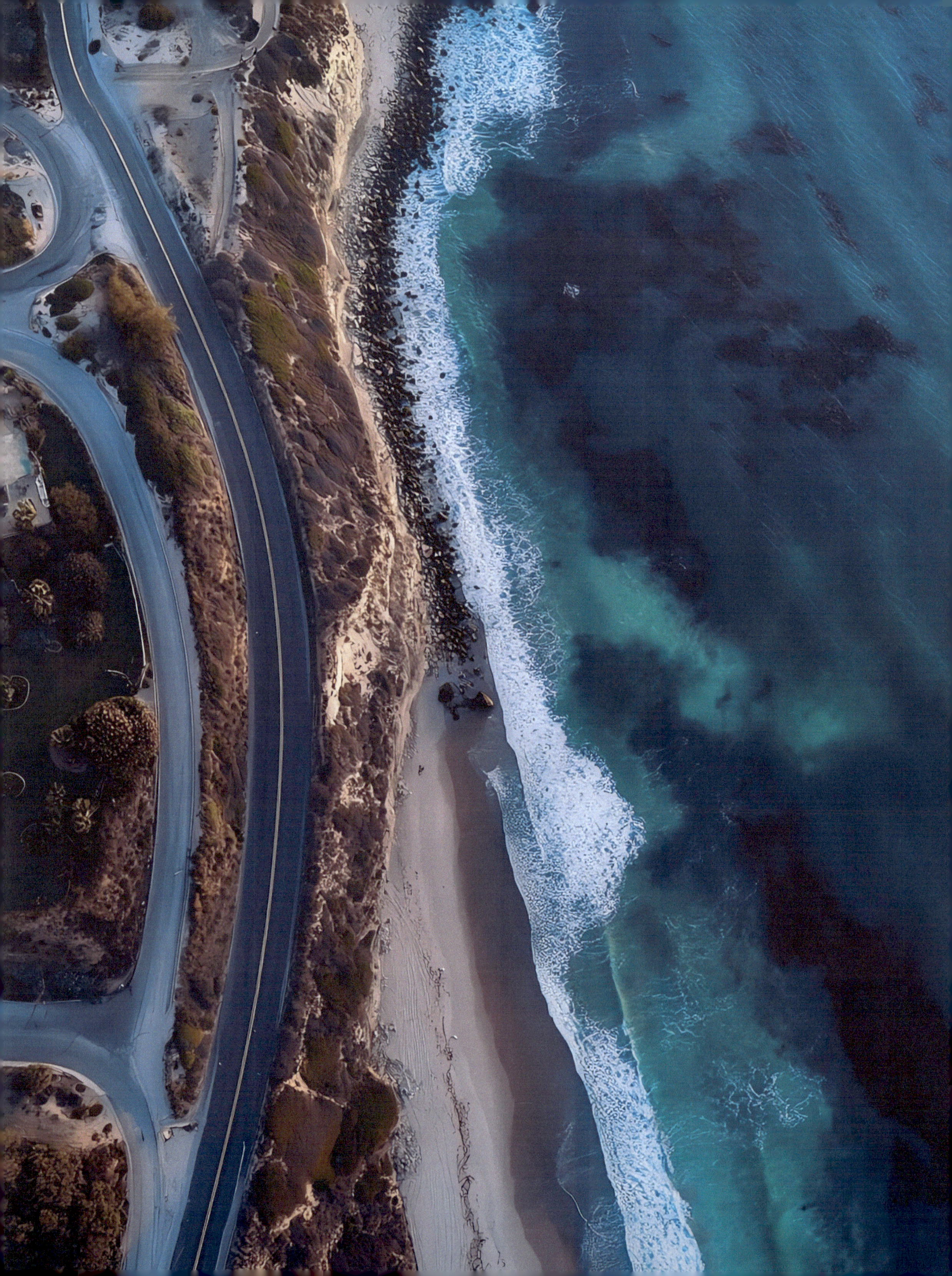

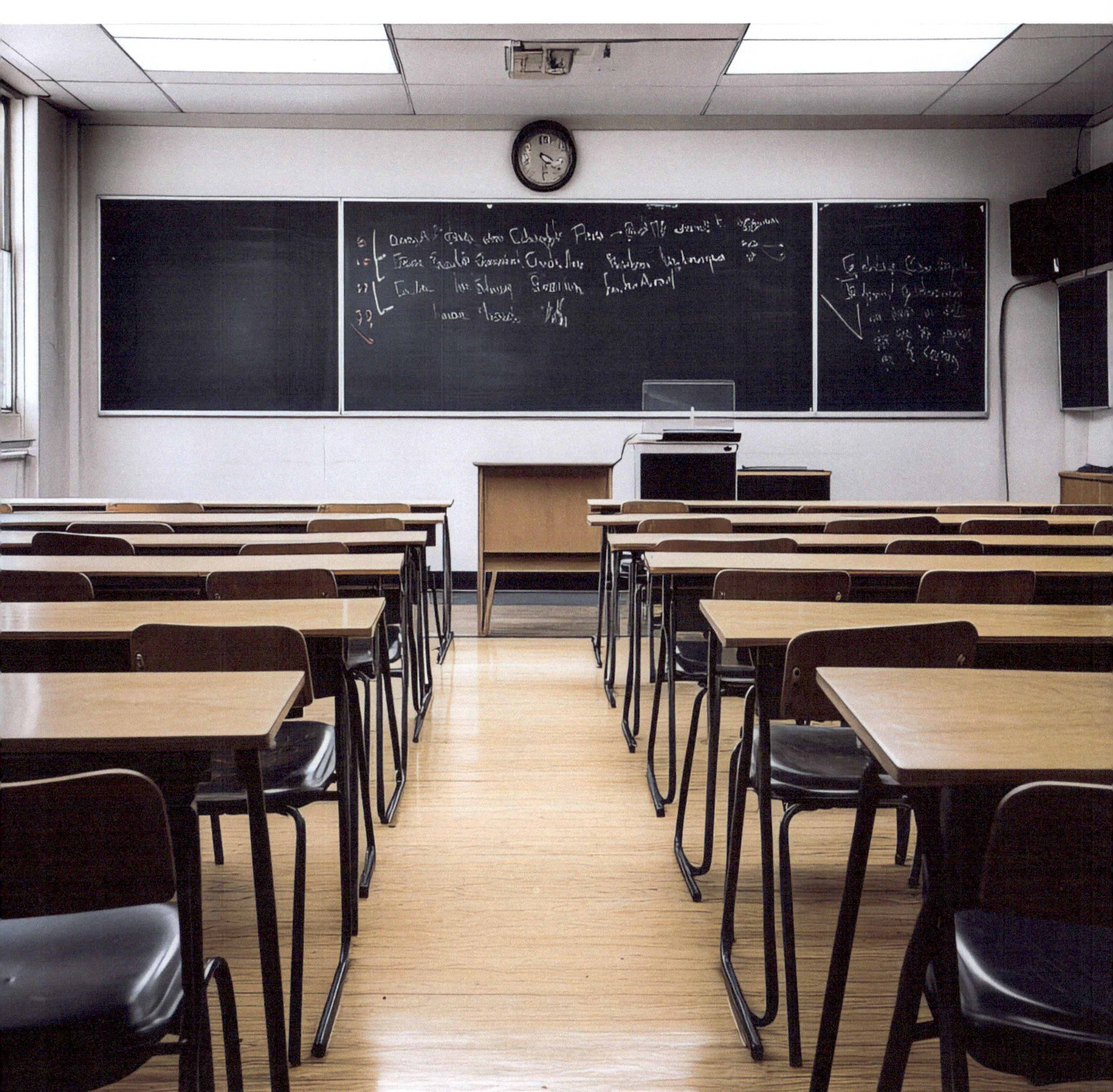

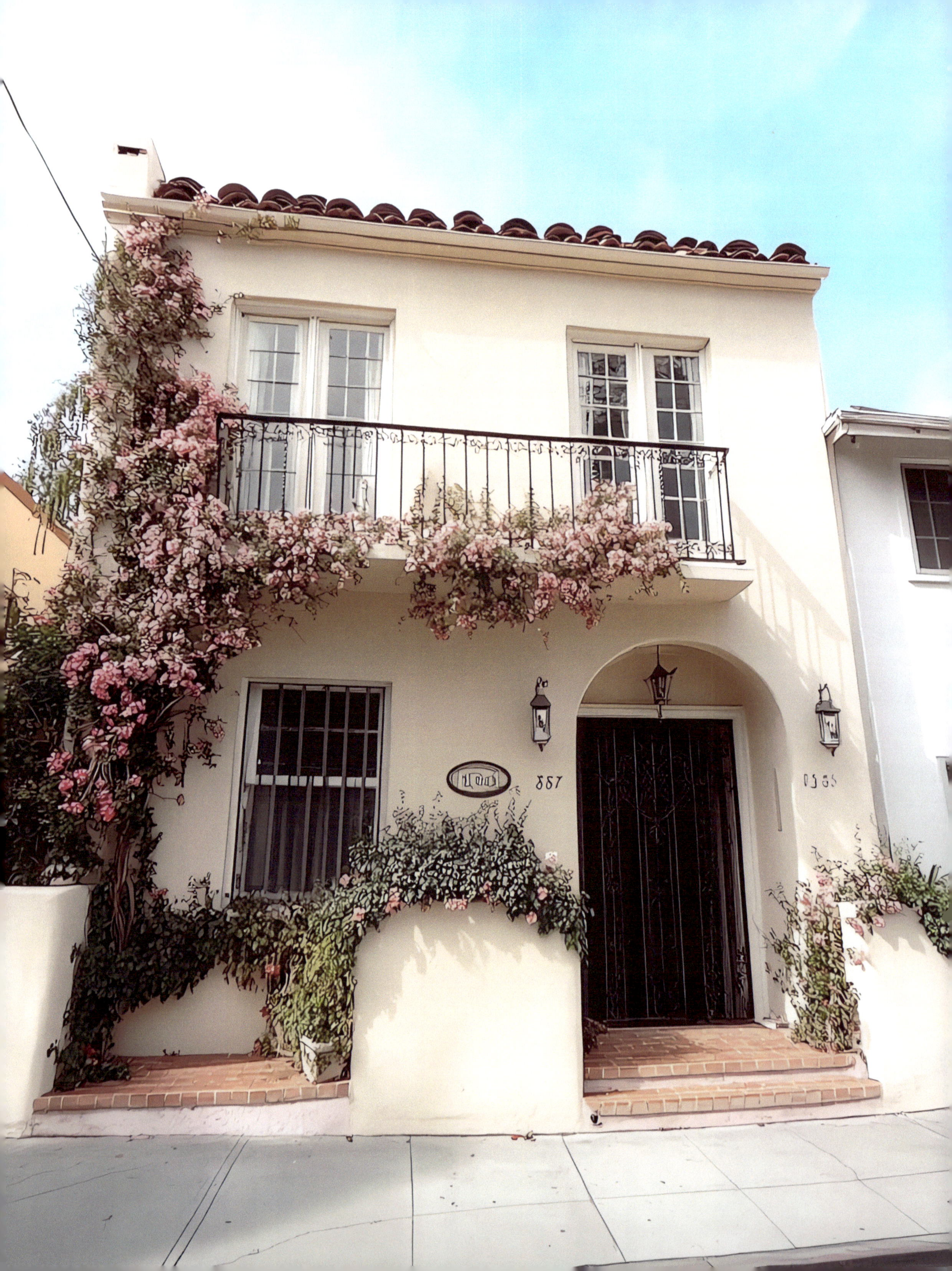

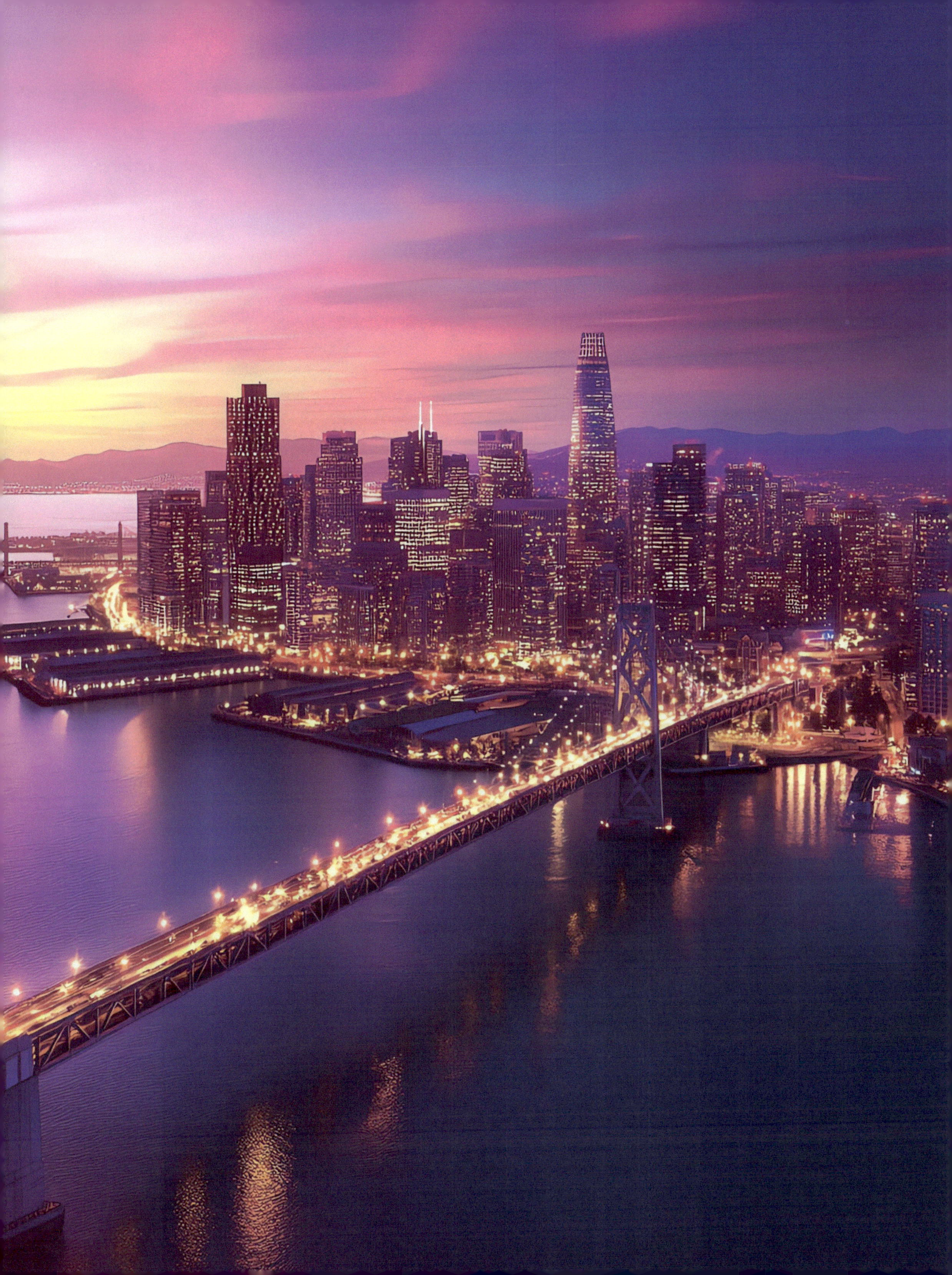

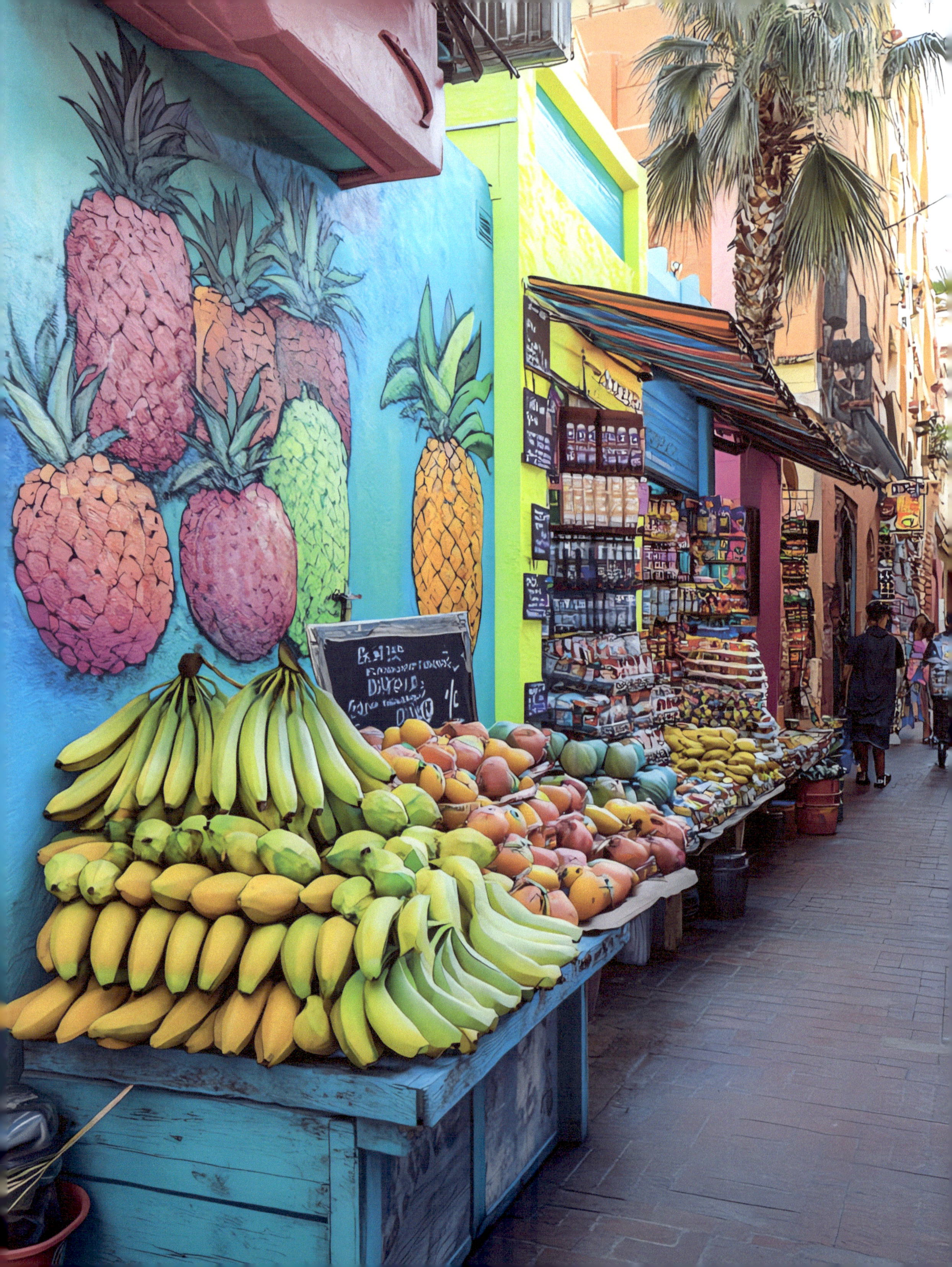

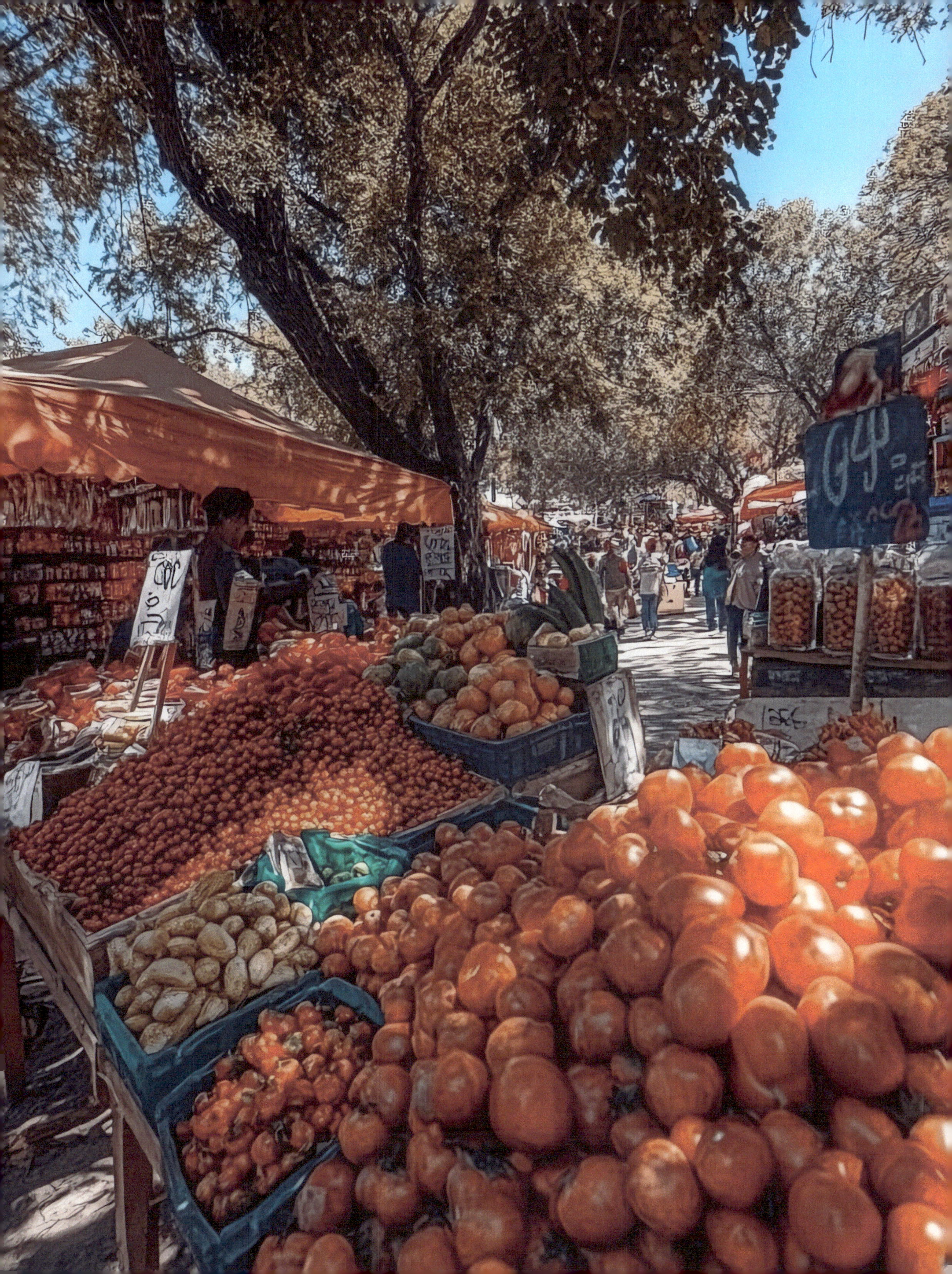

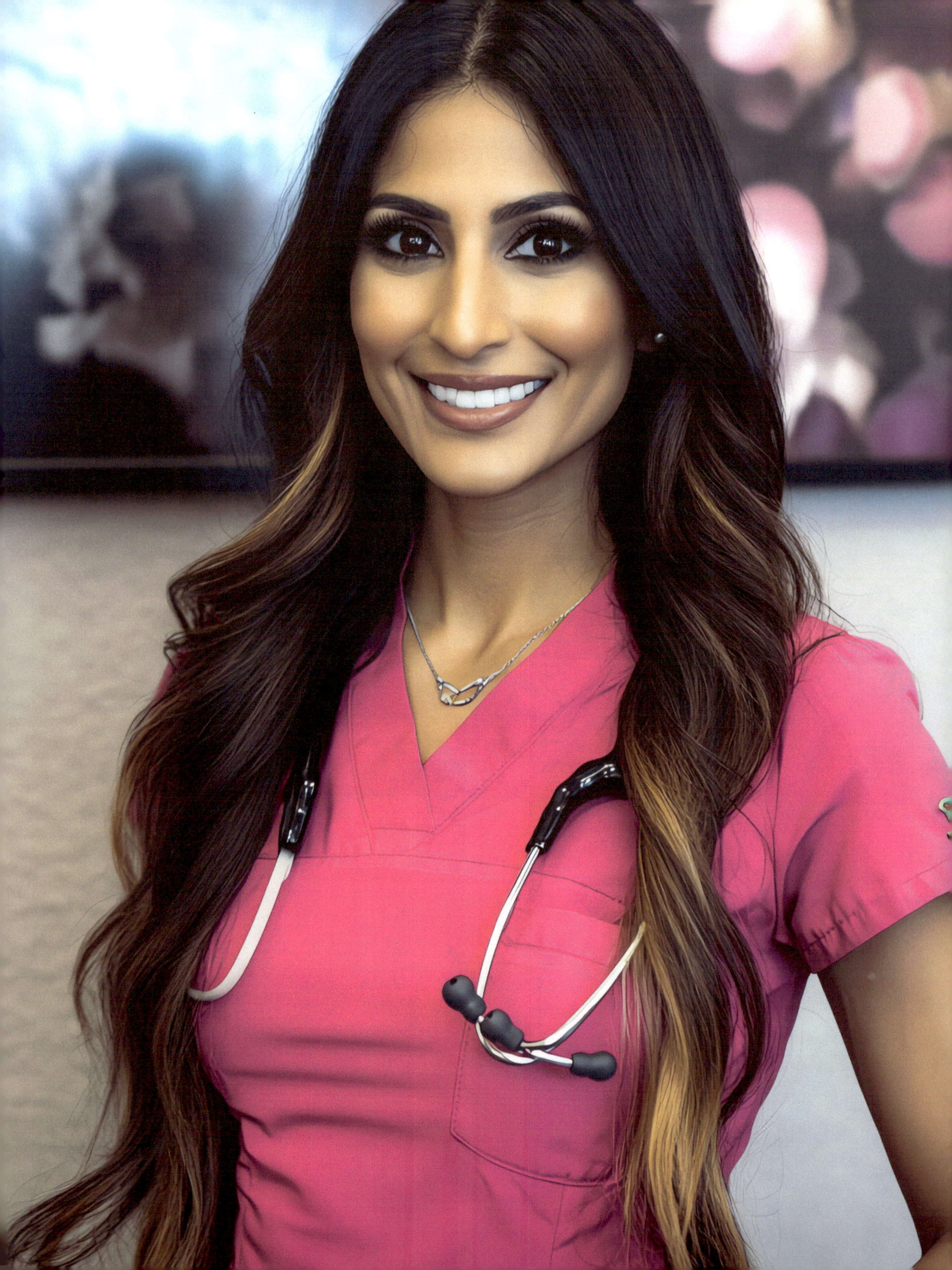

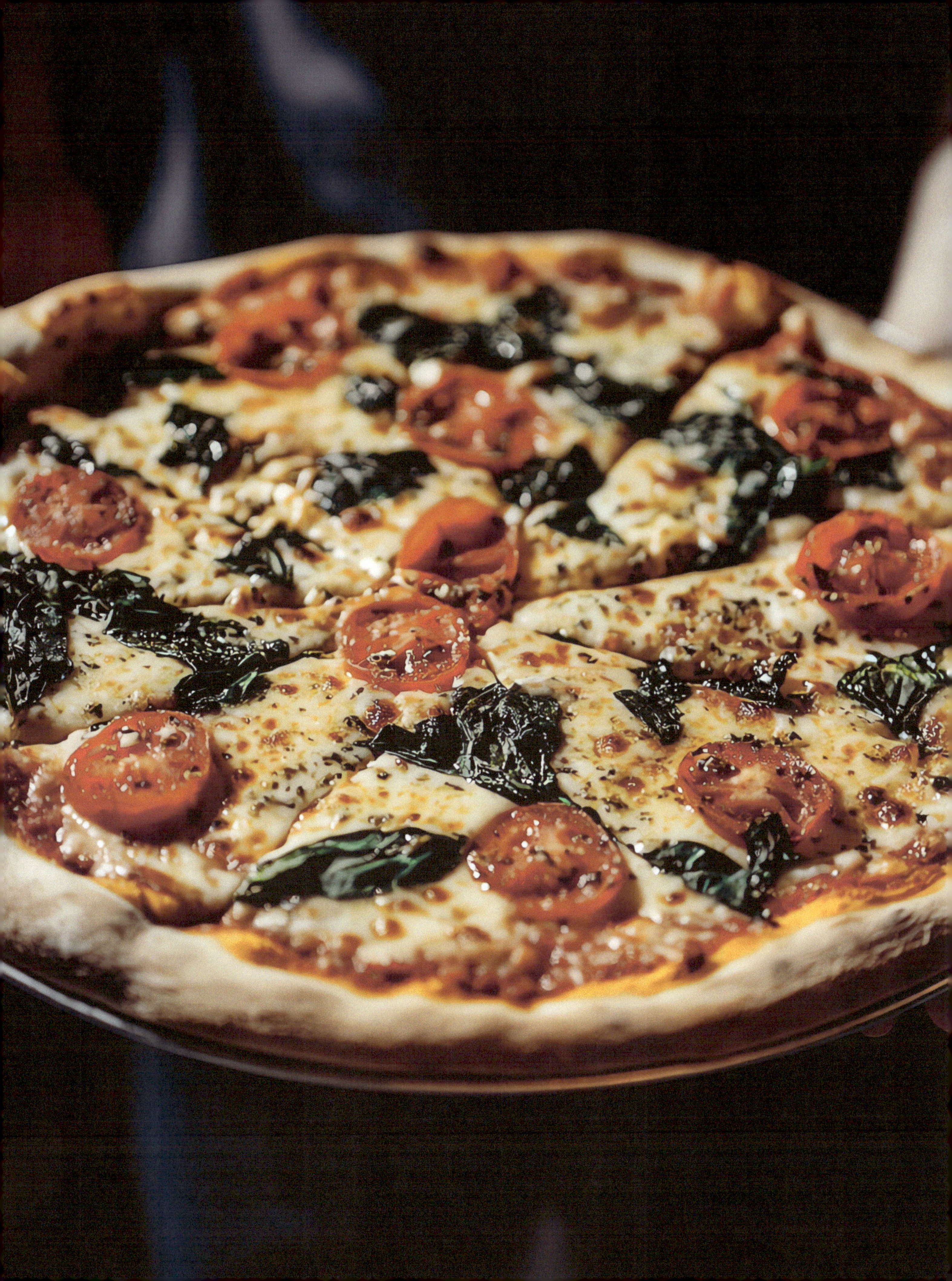

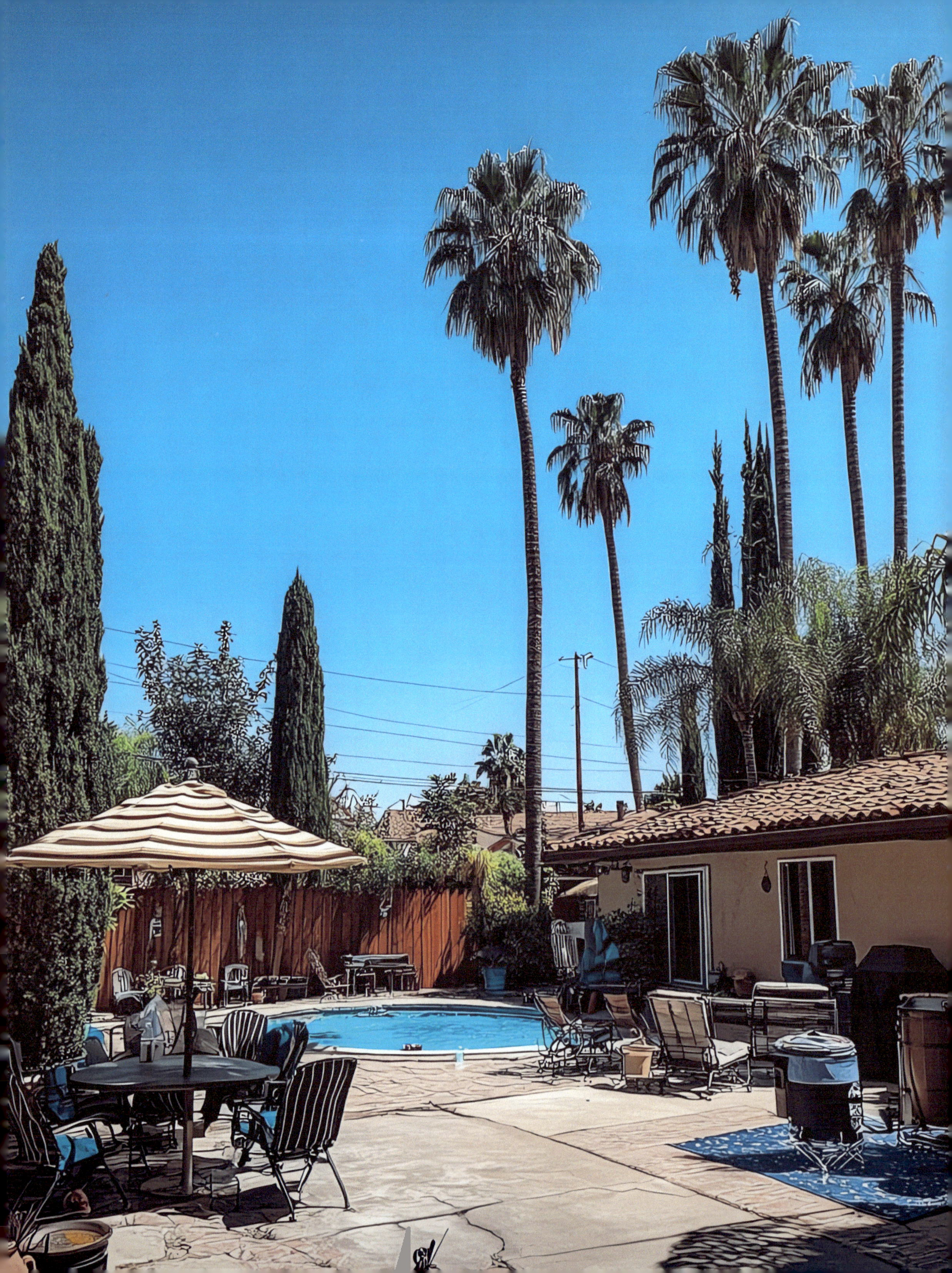

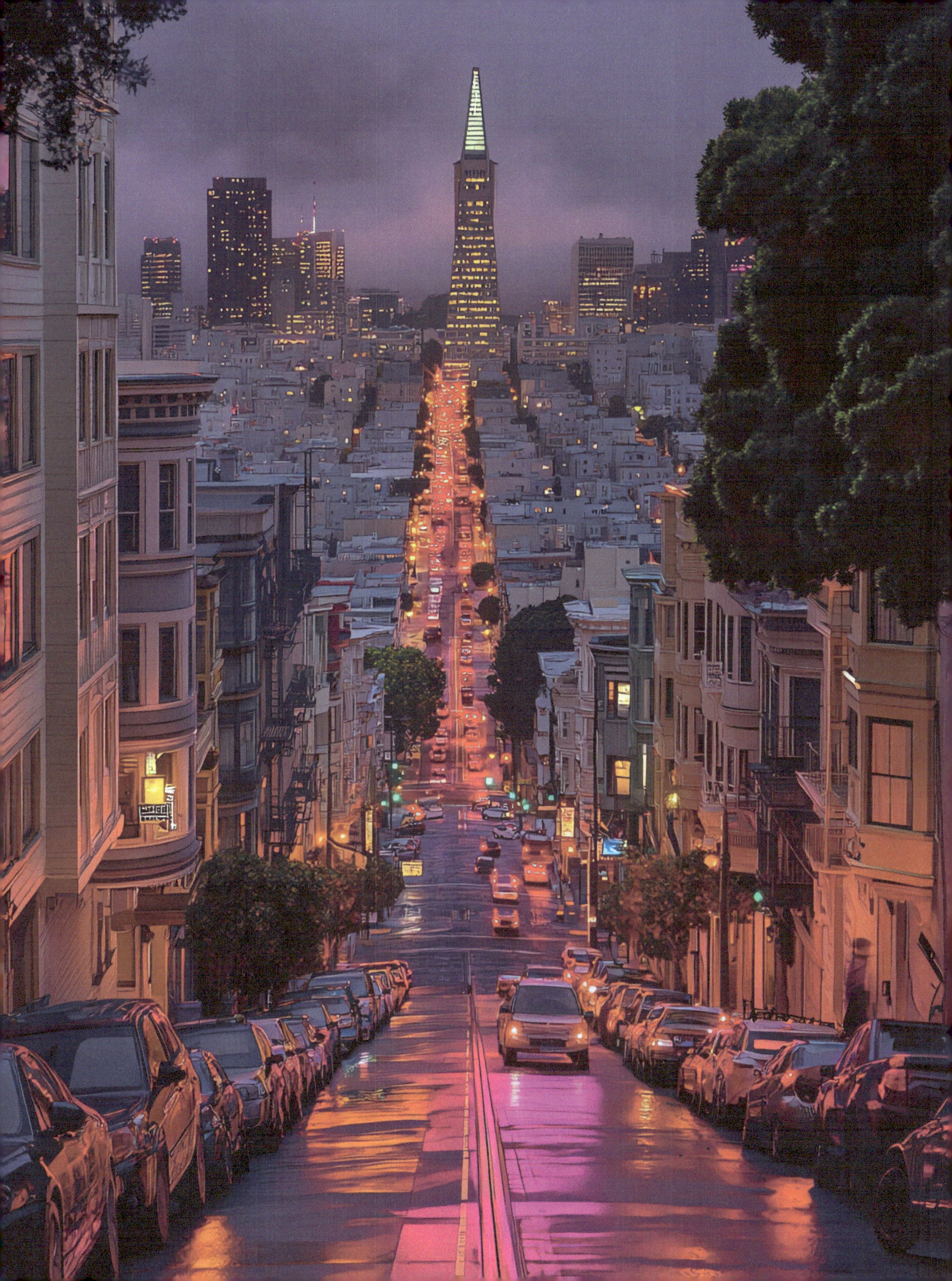

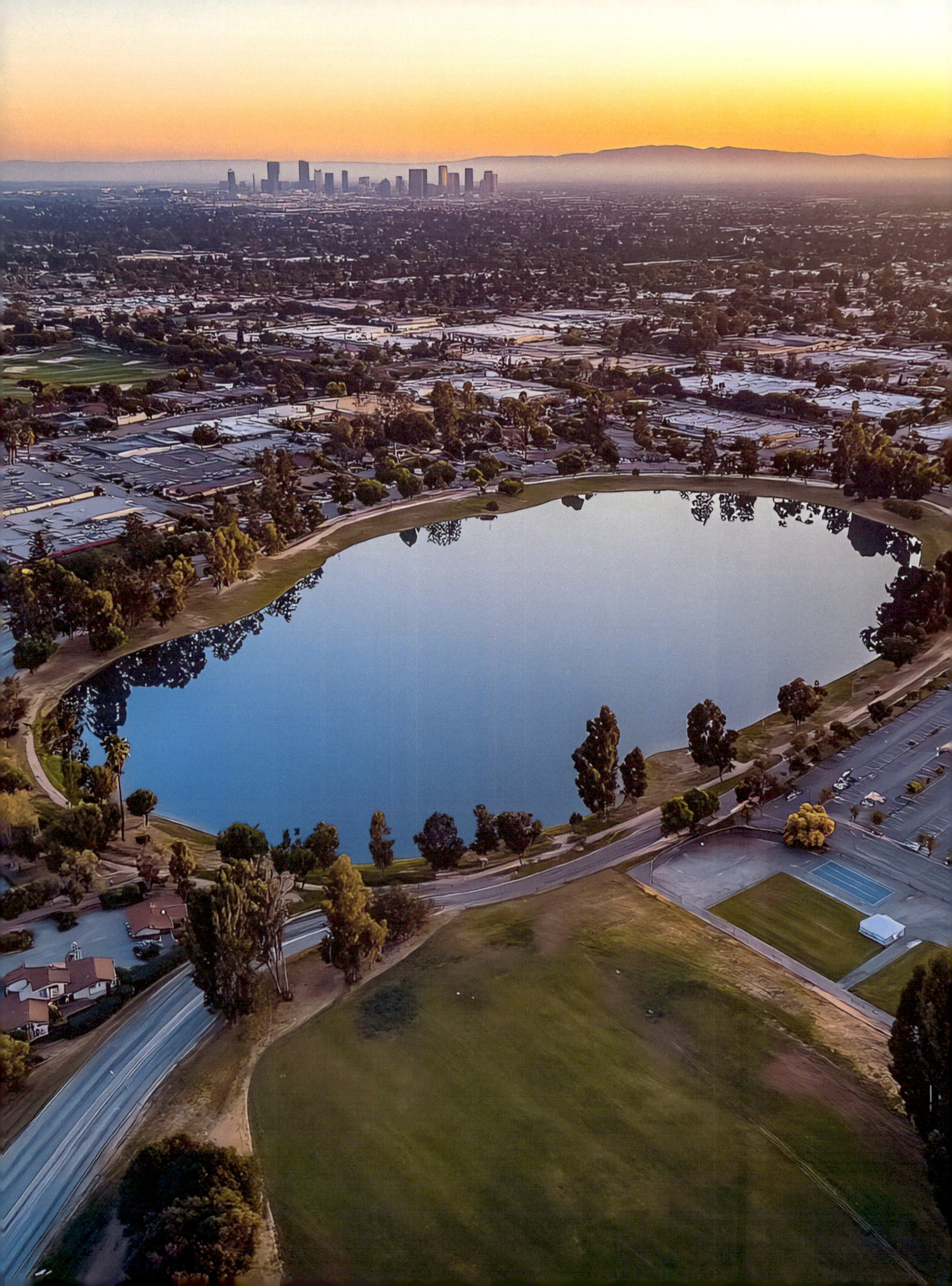

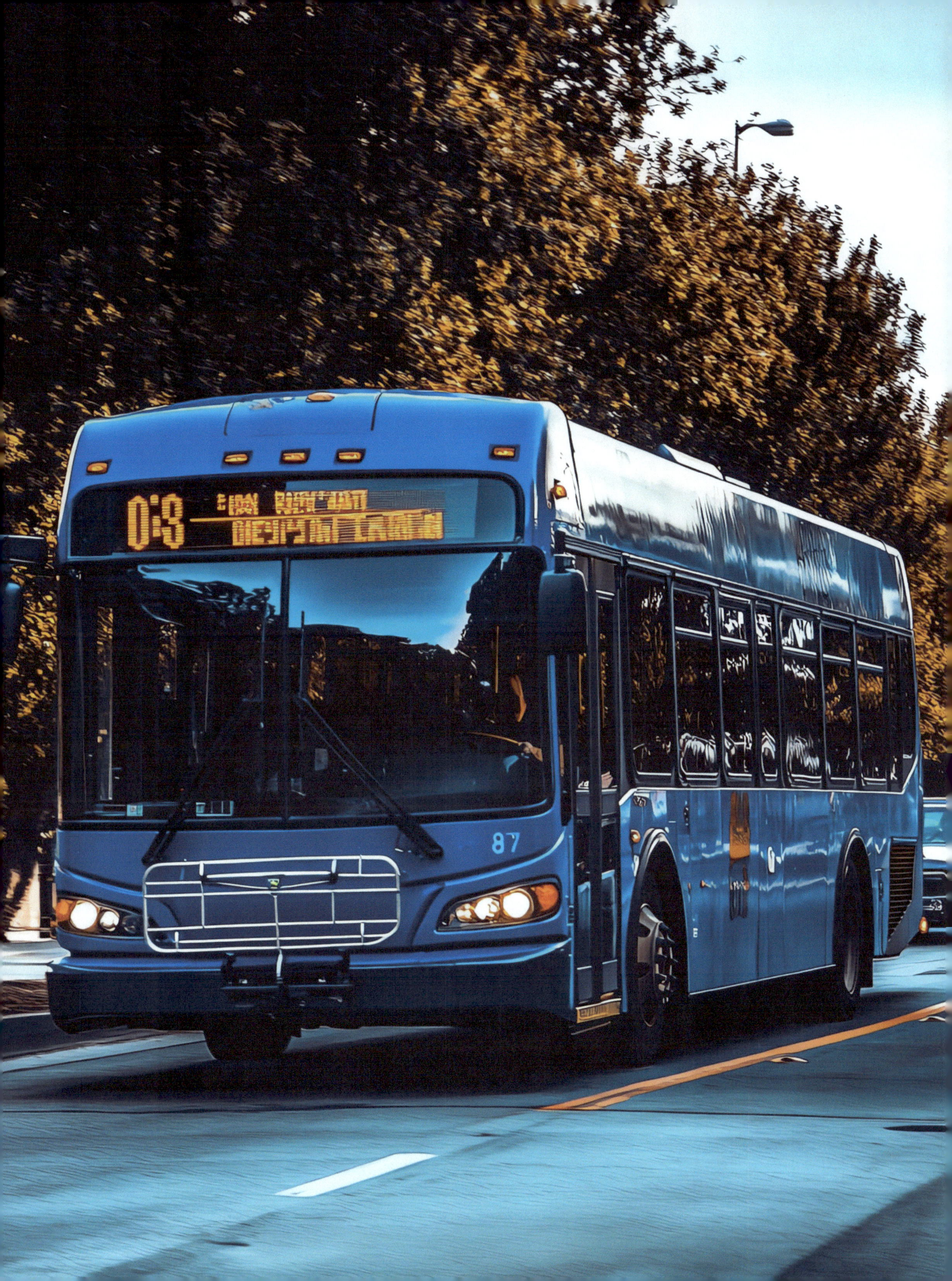

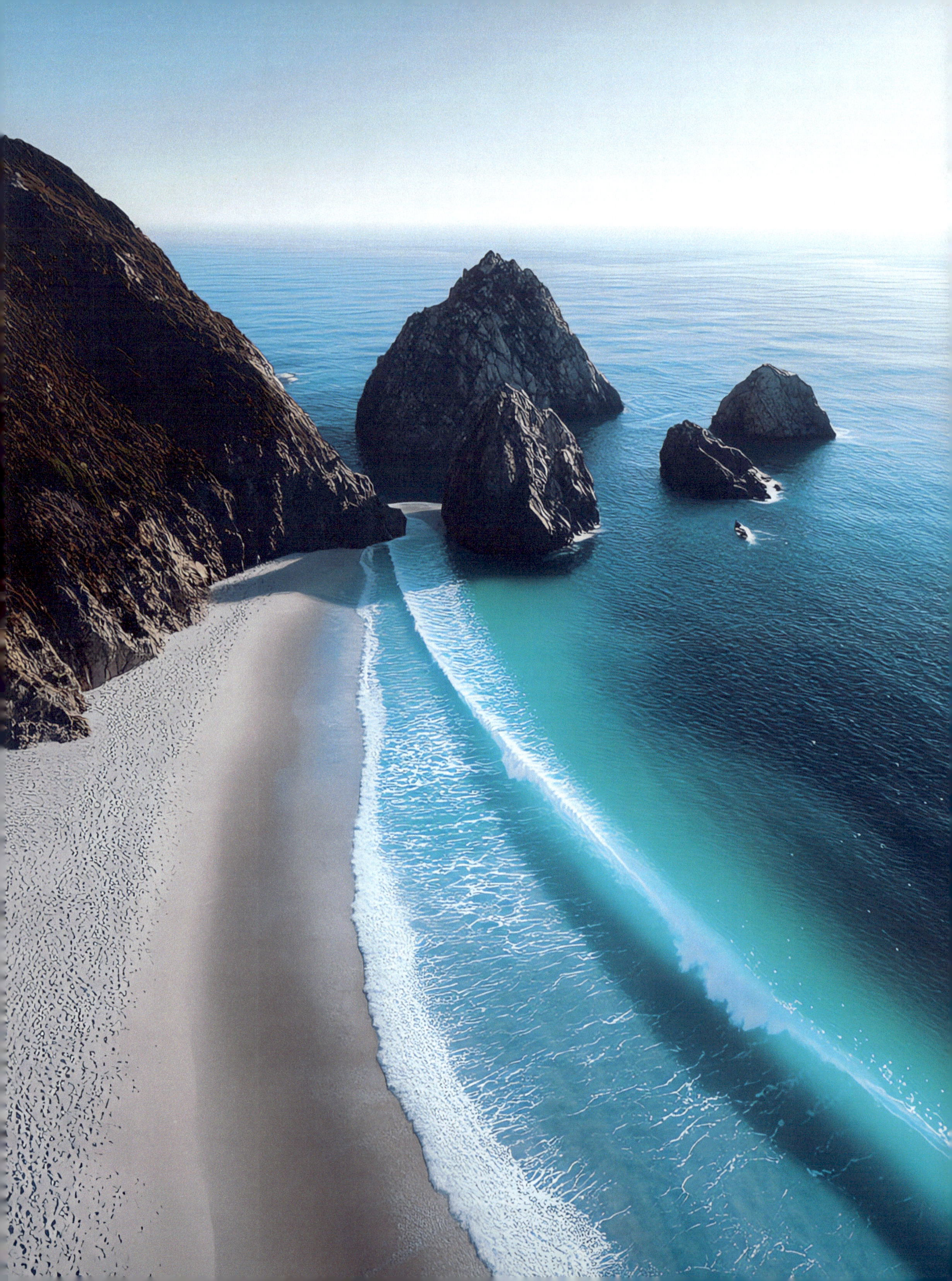

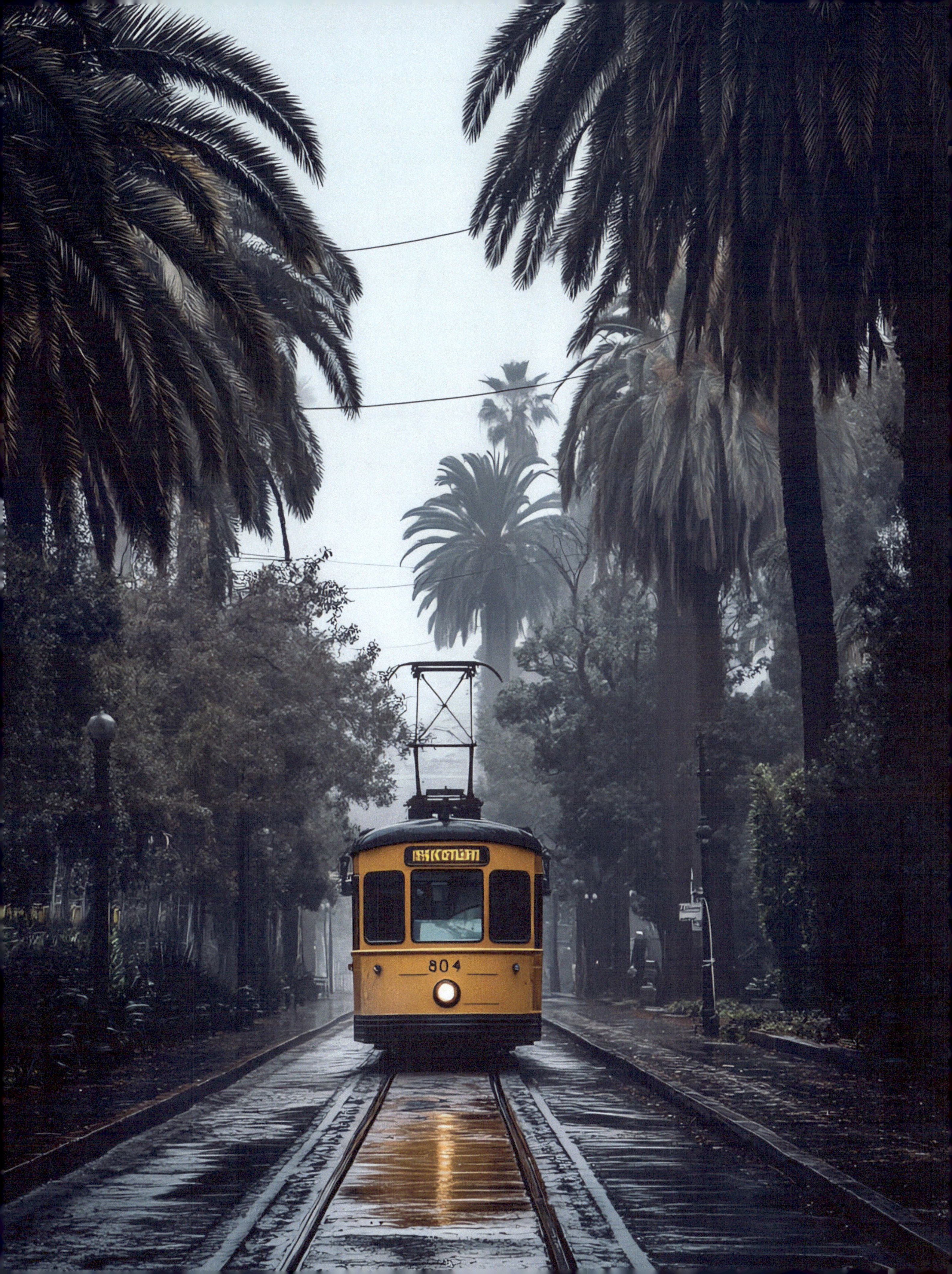
804

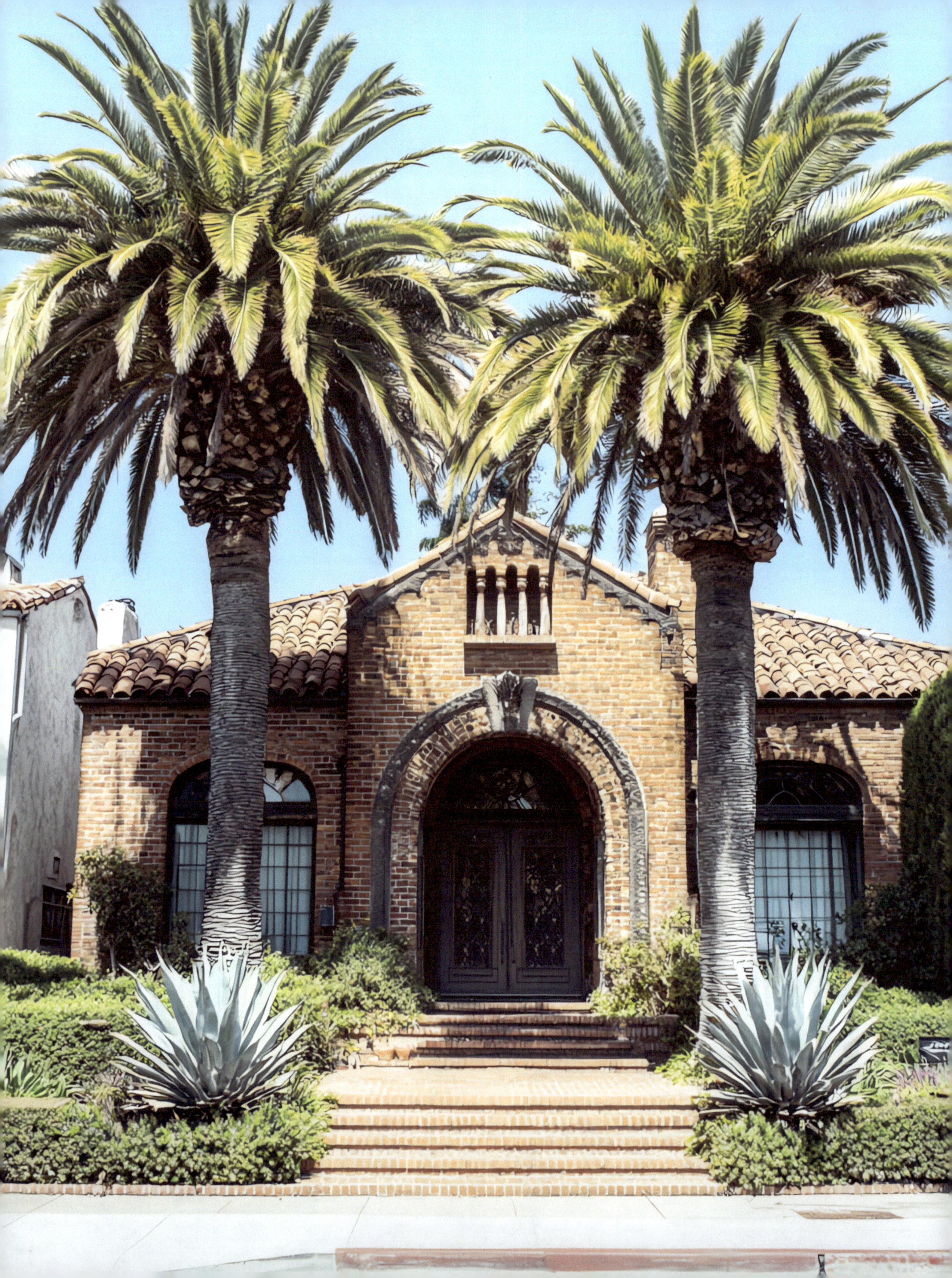

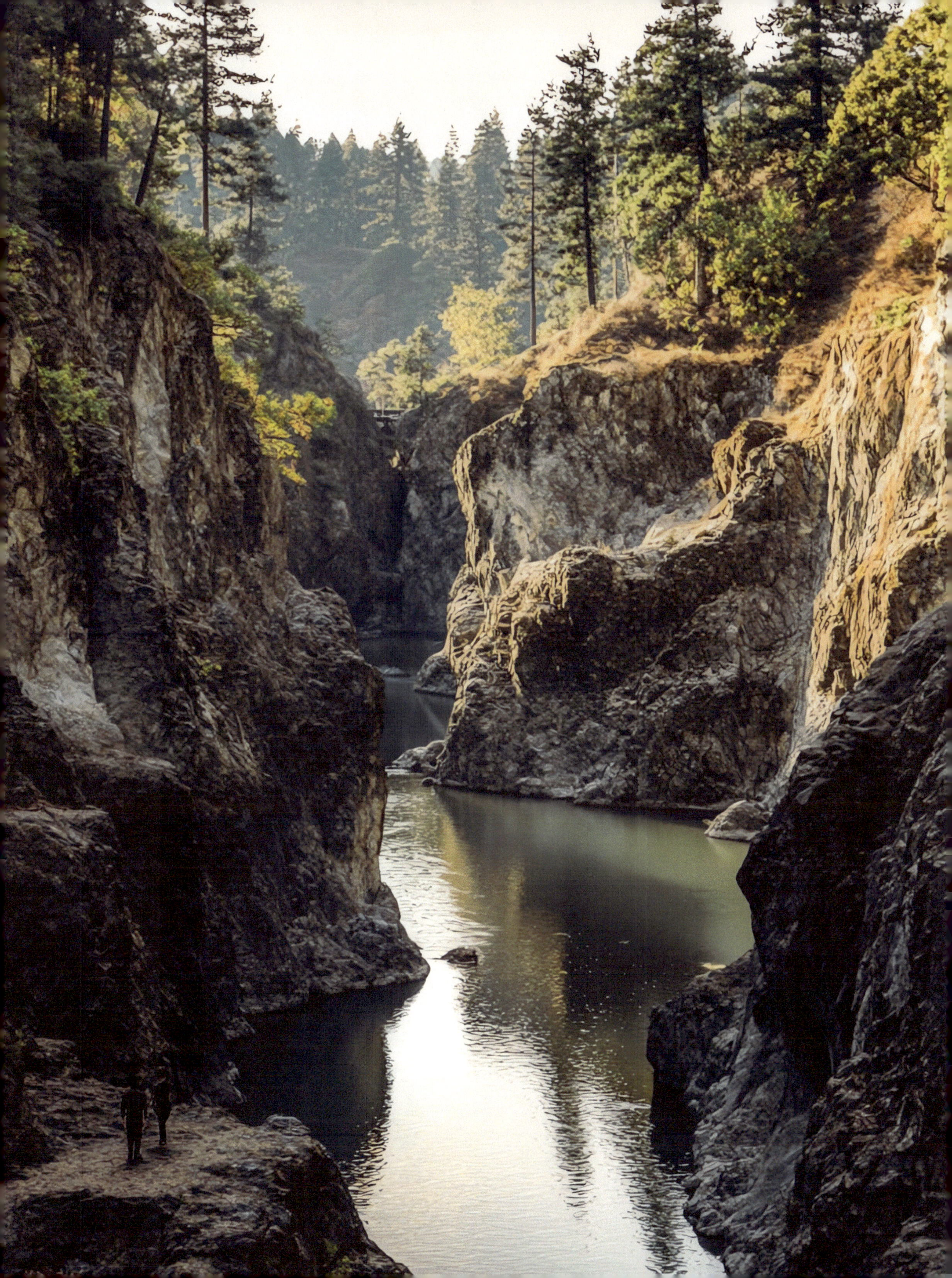

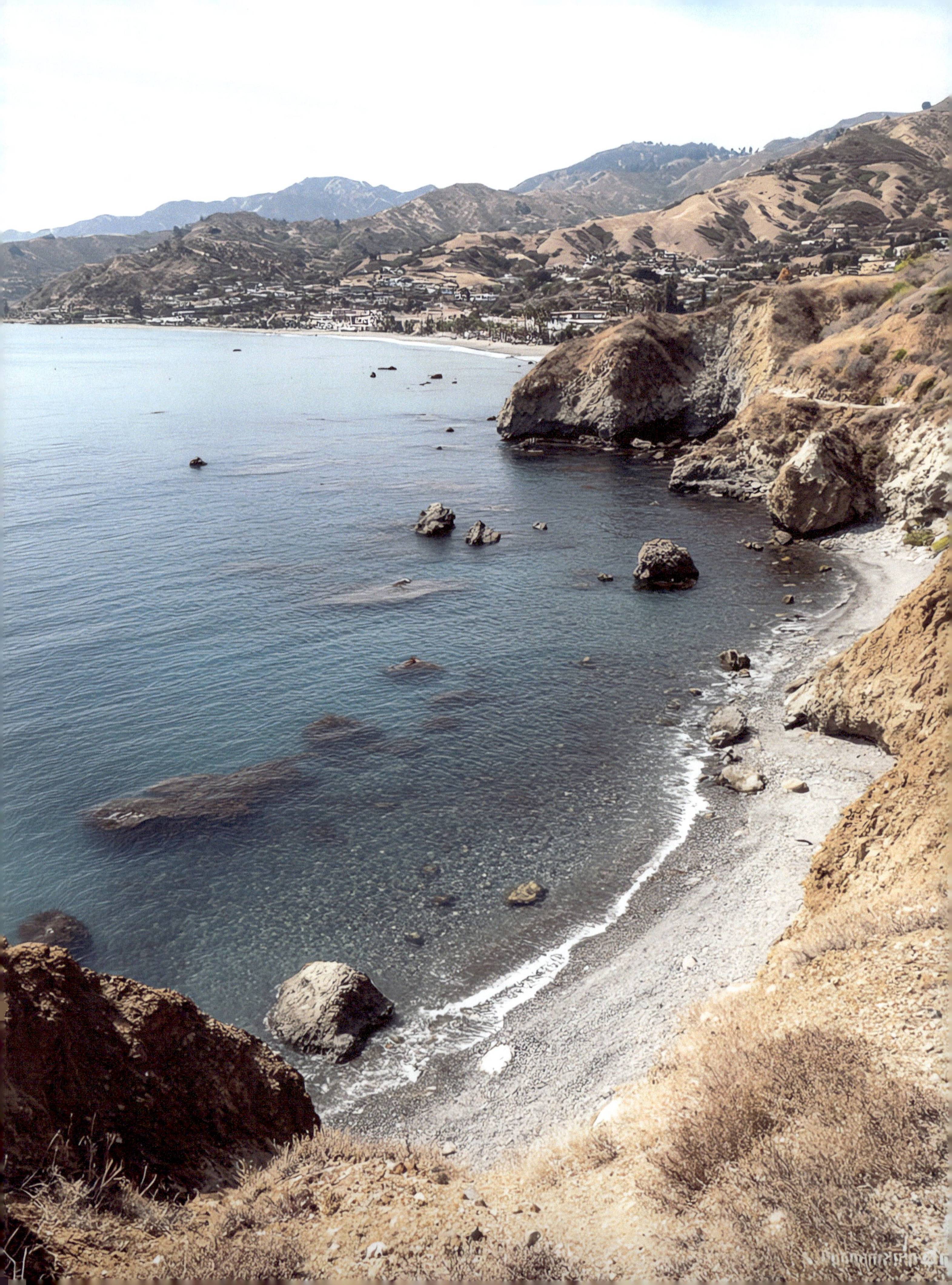

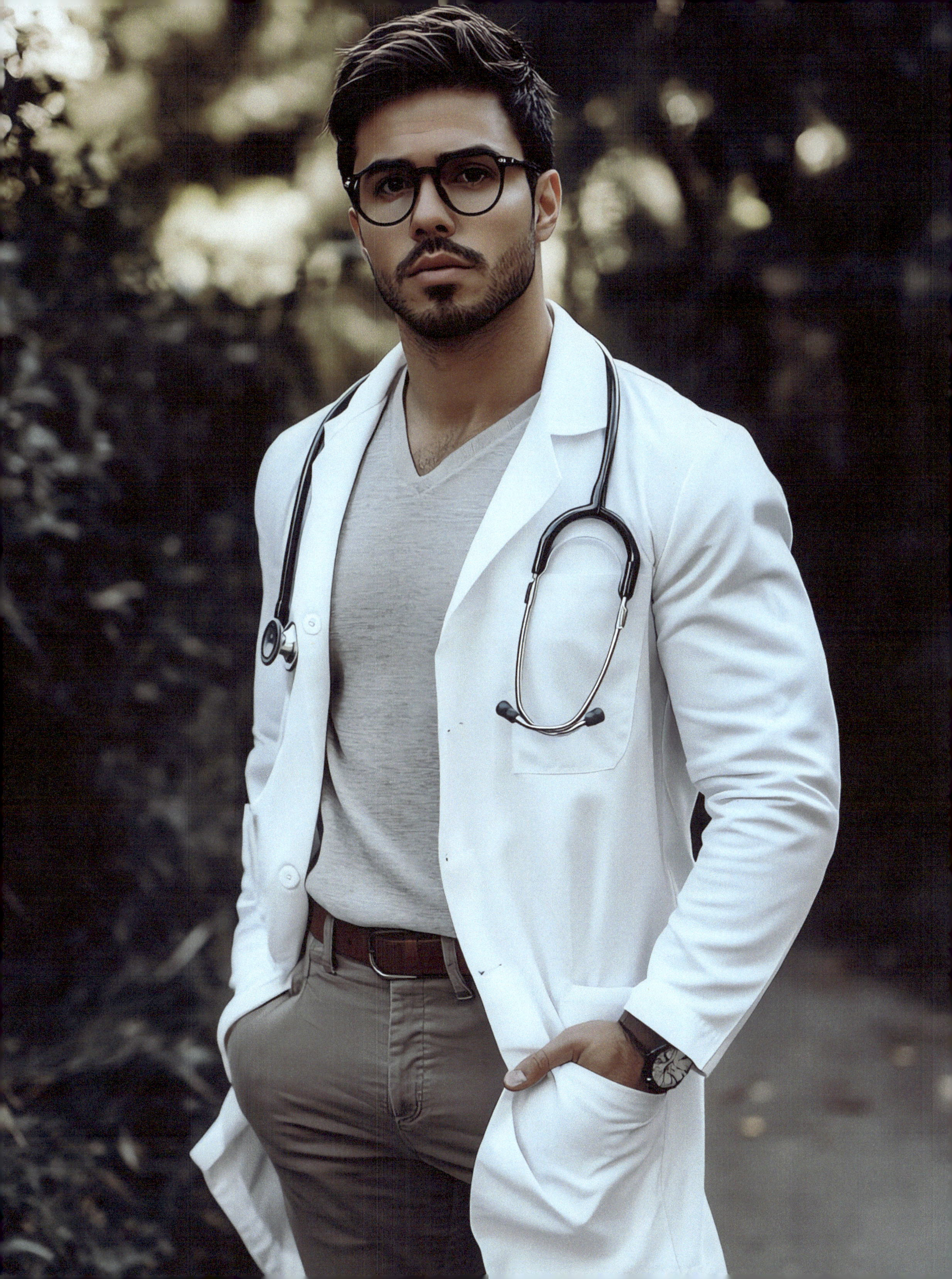

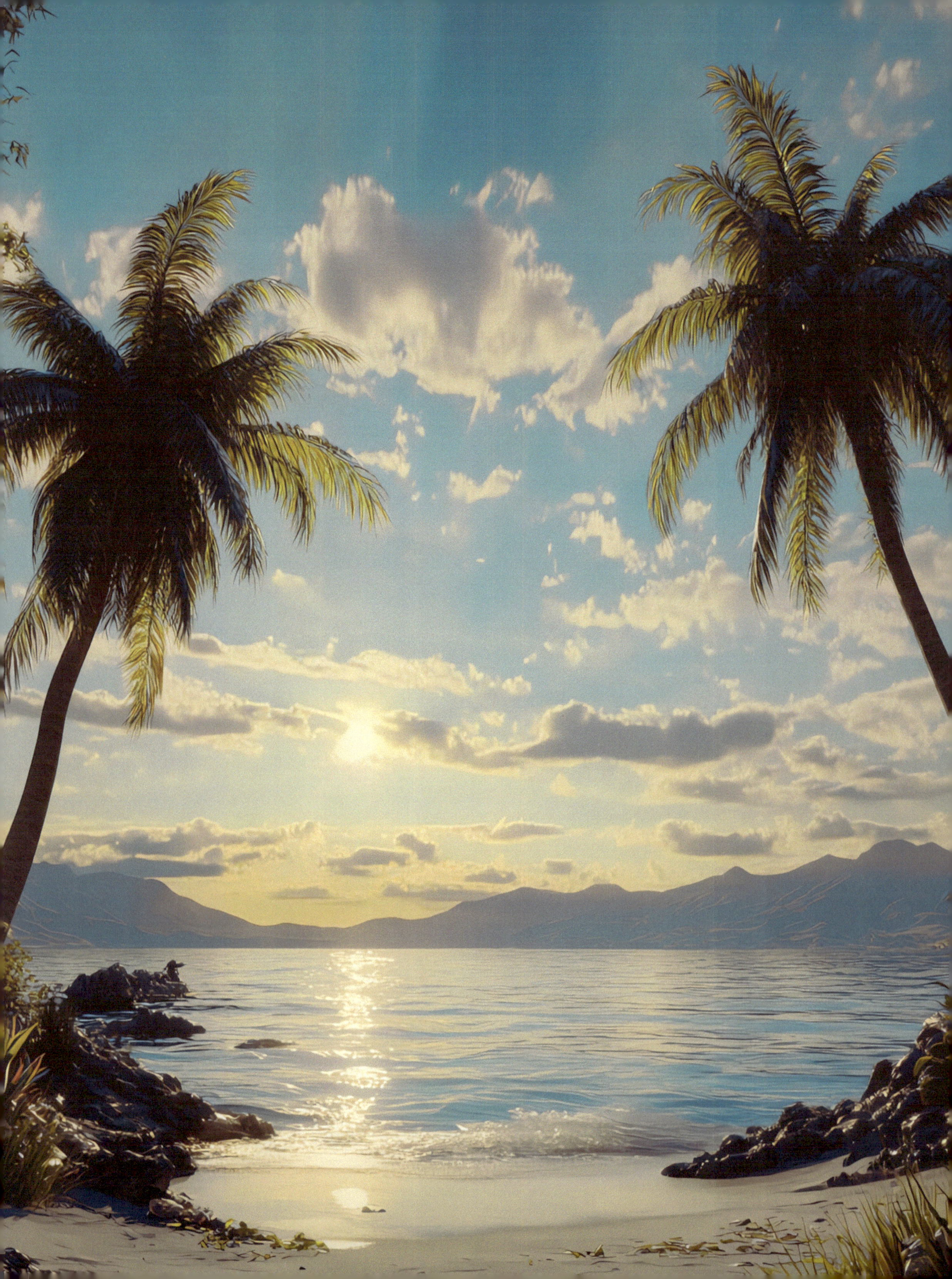

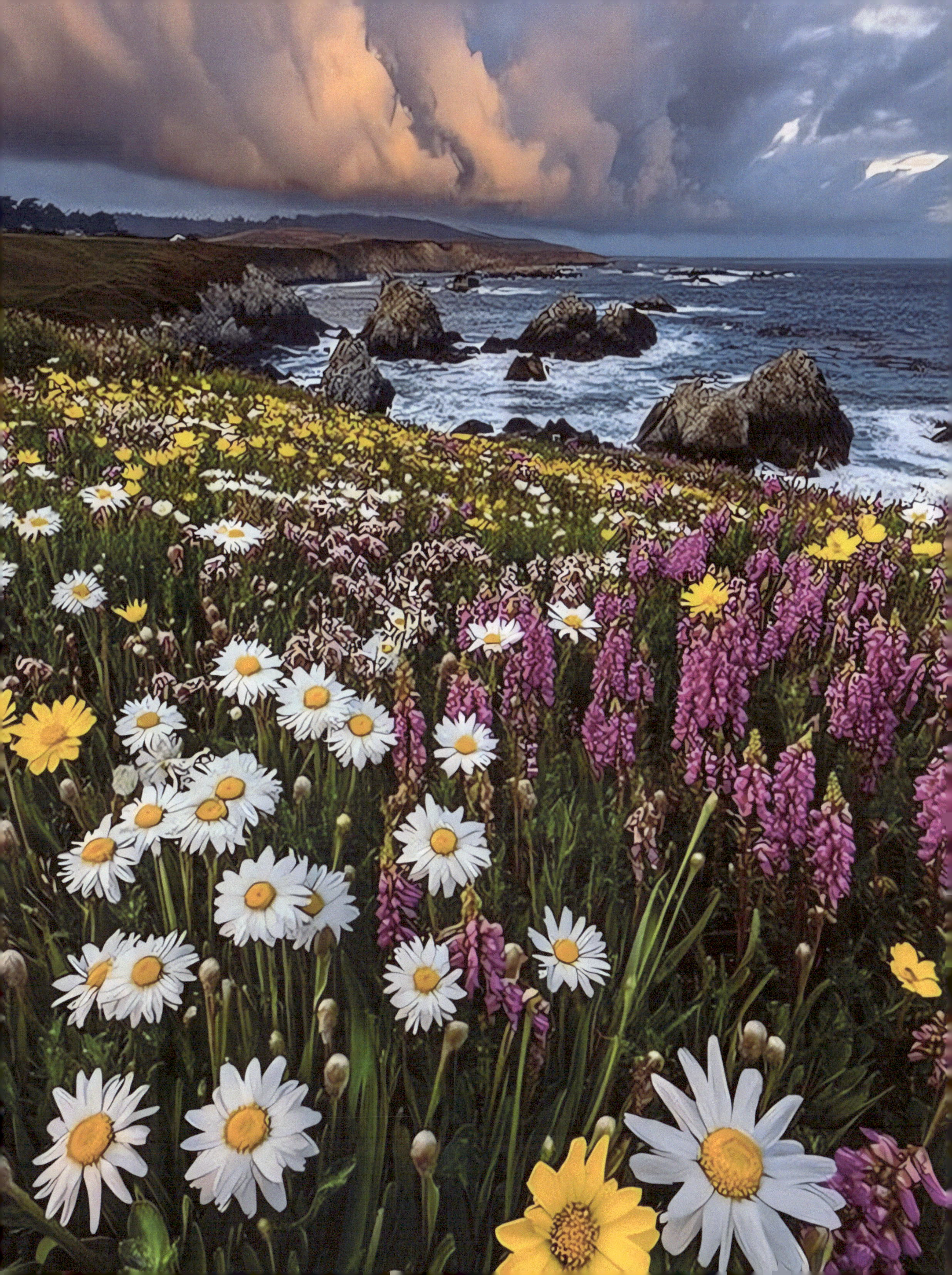

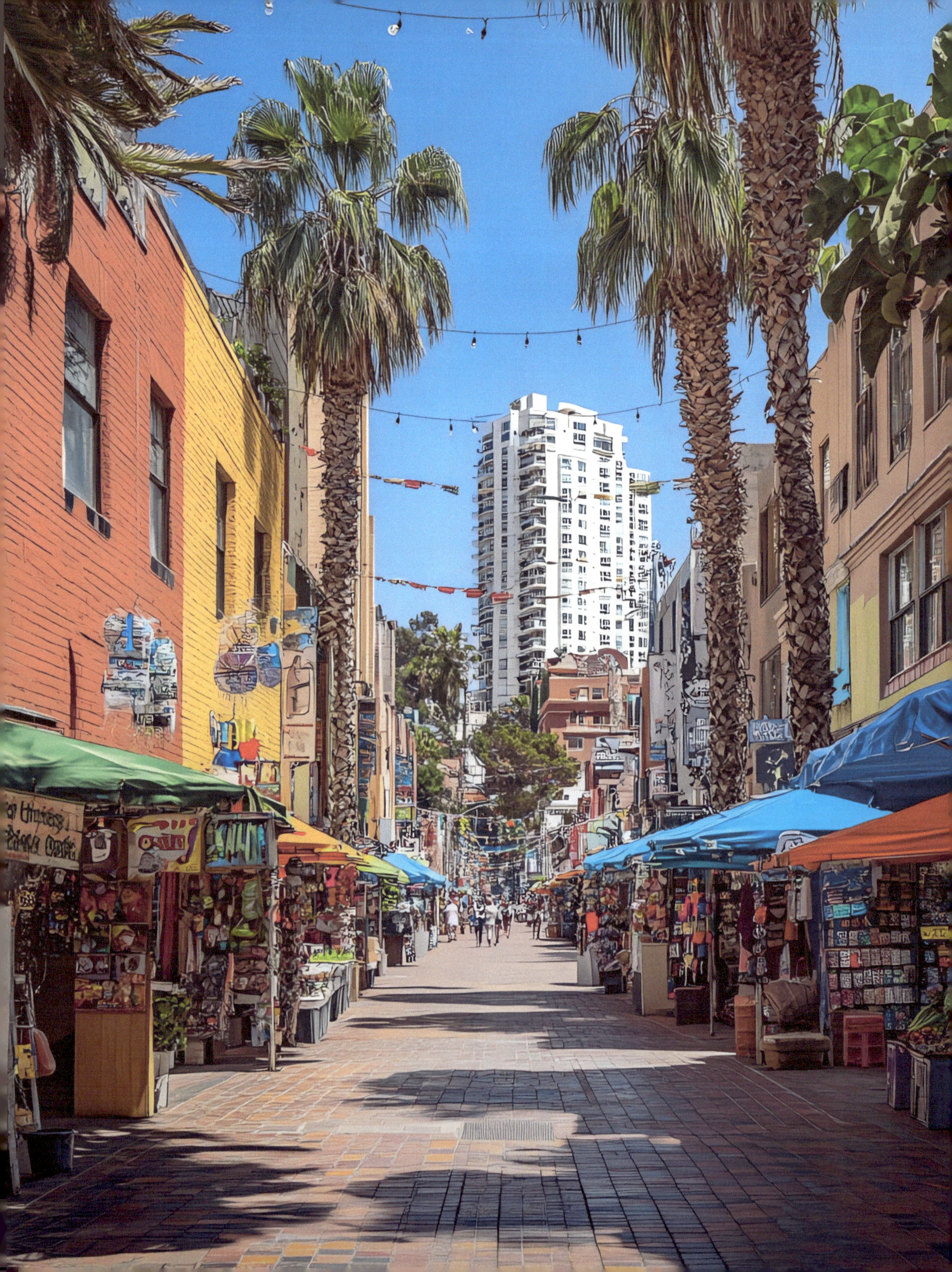

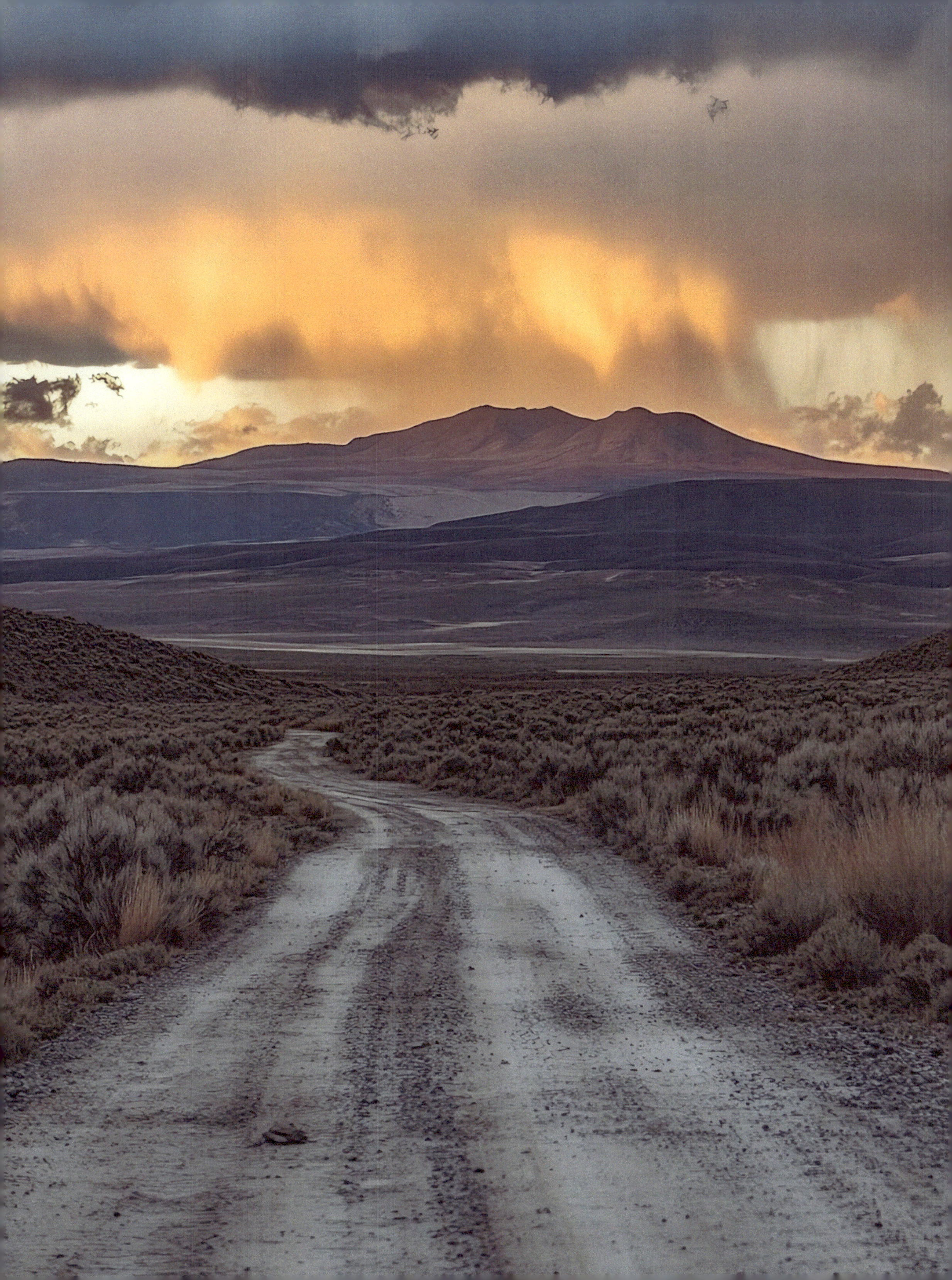

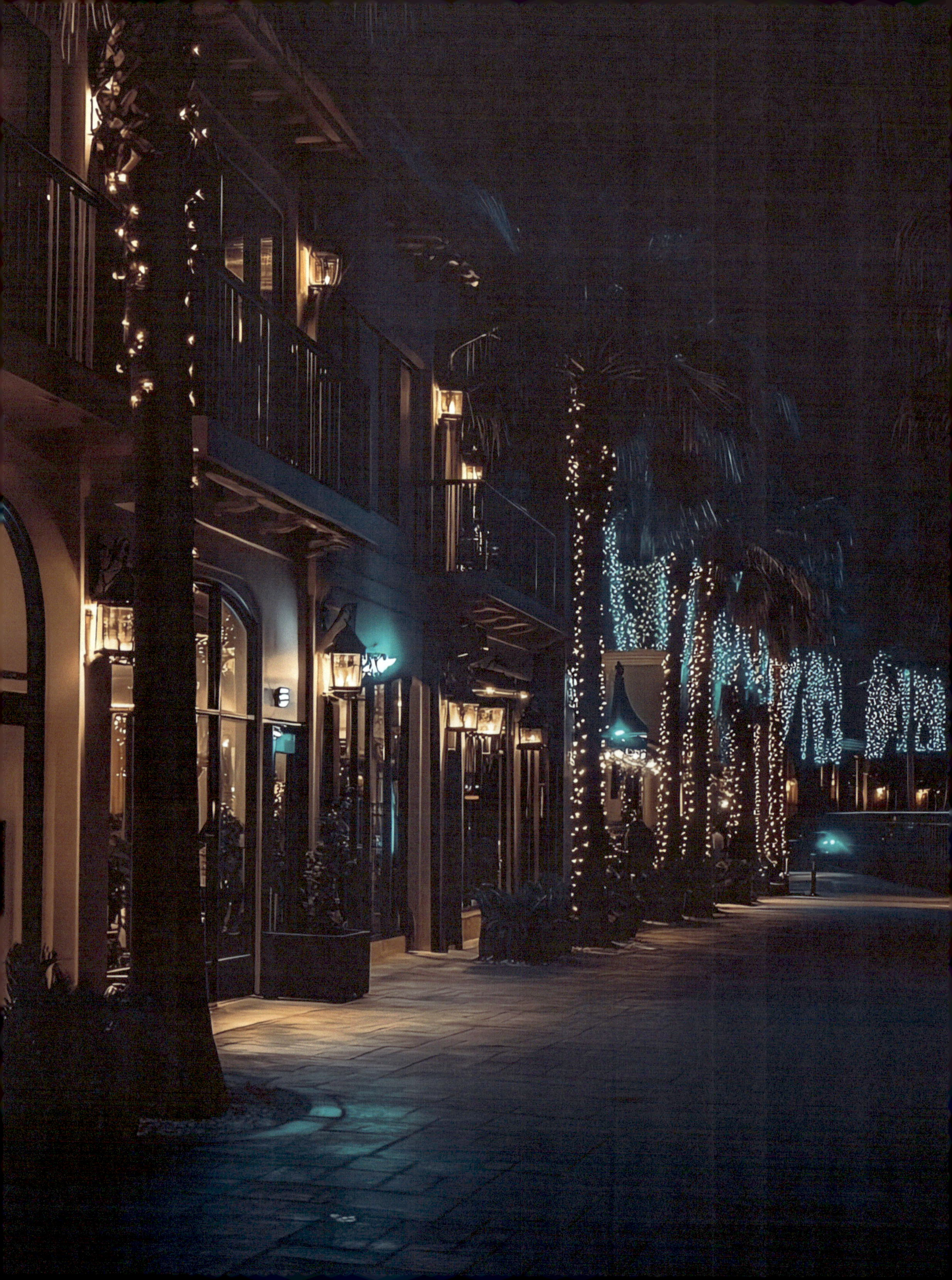

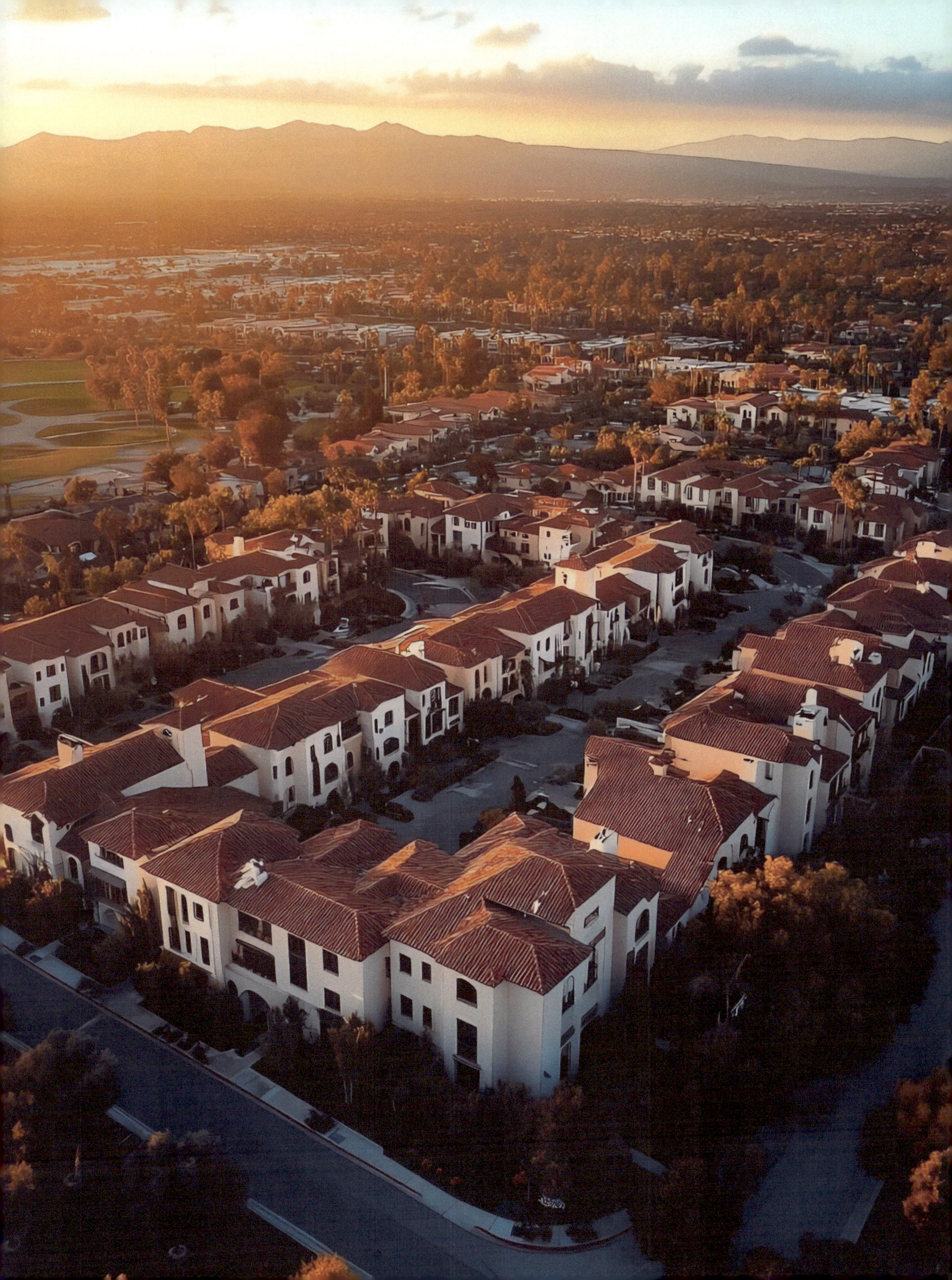

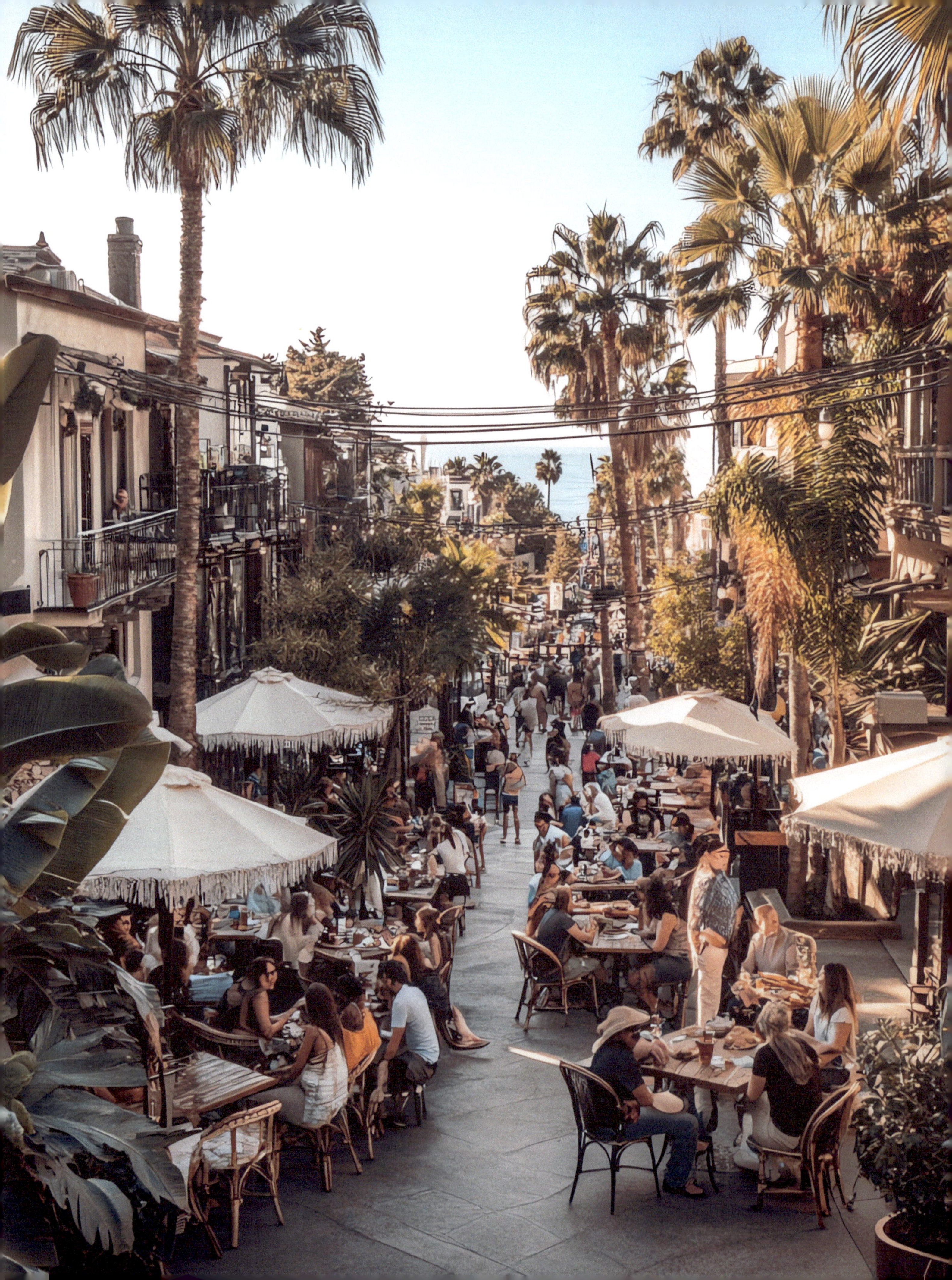

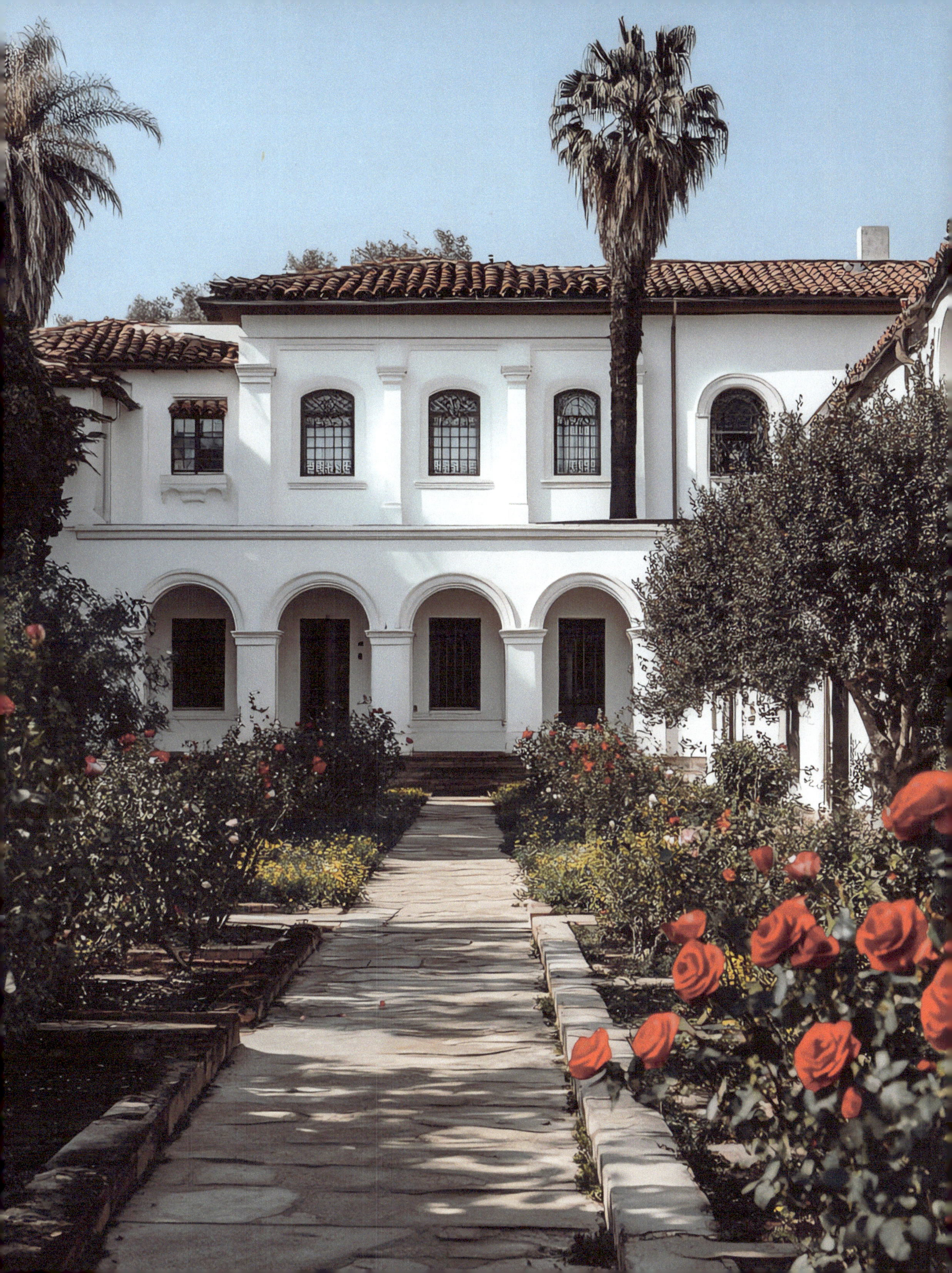

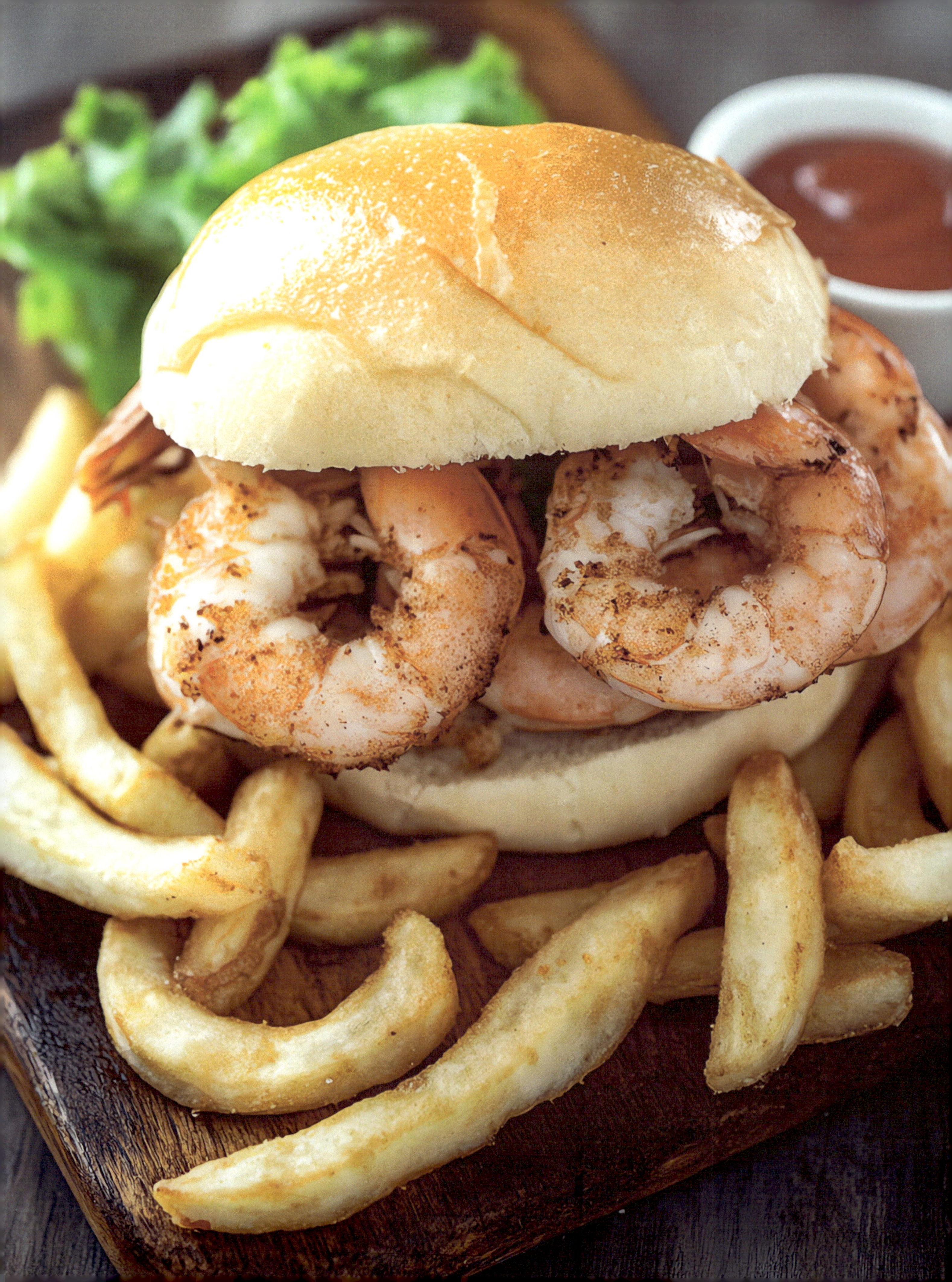

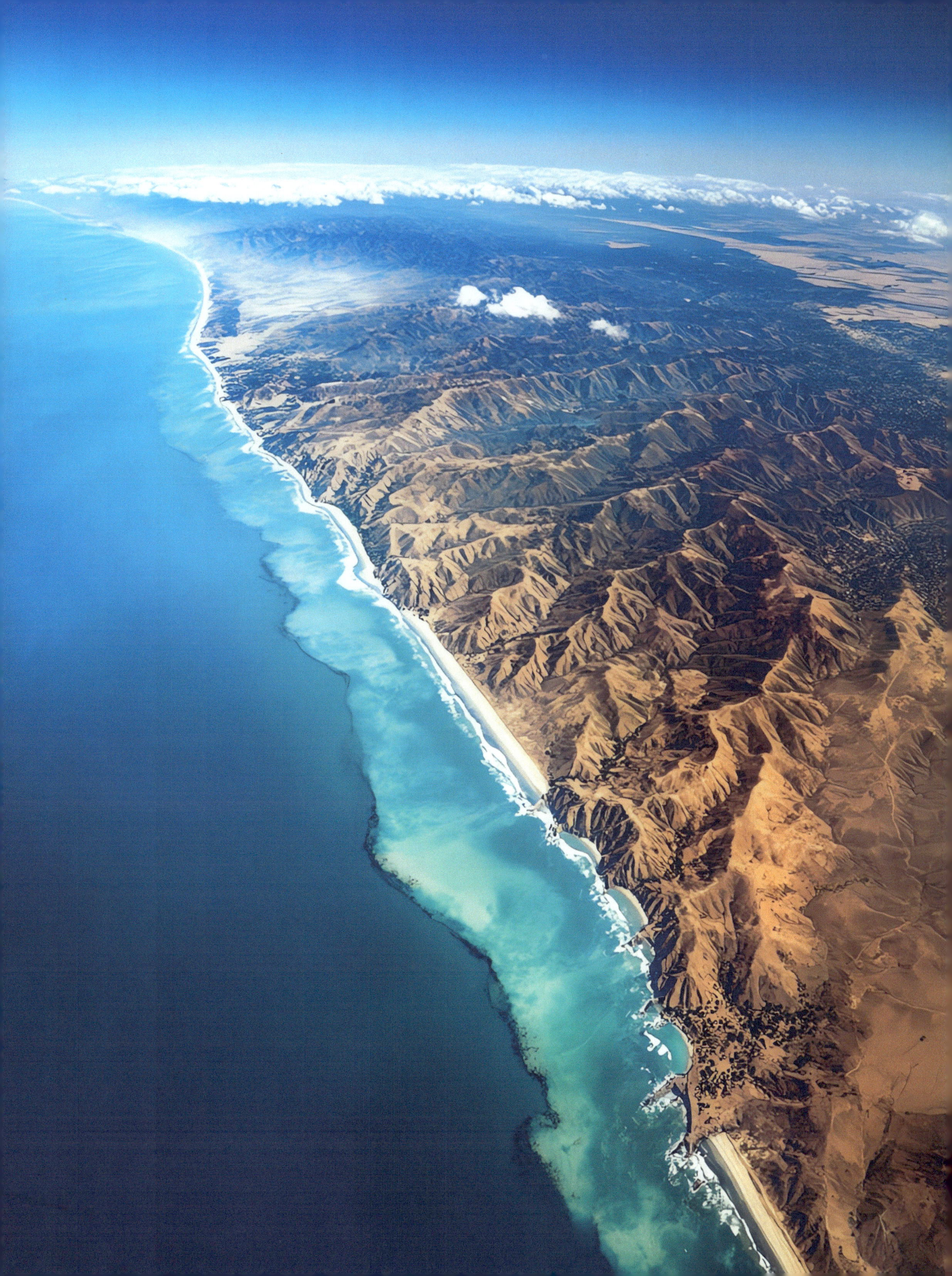

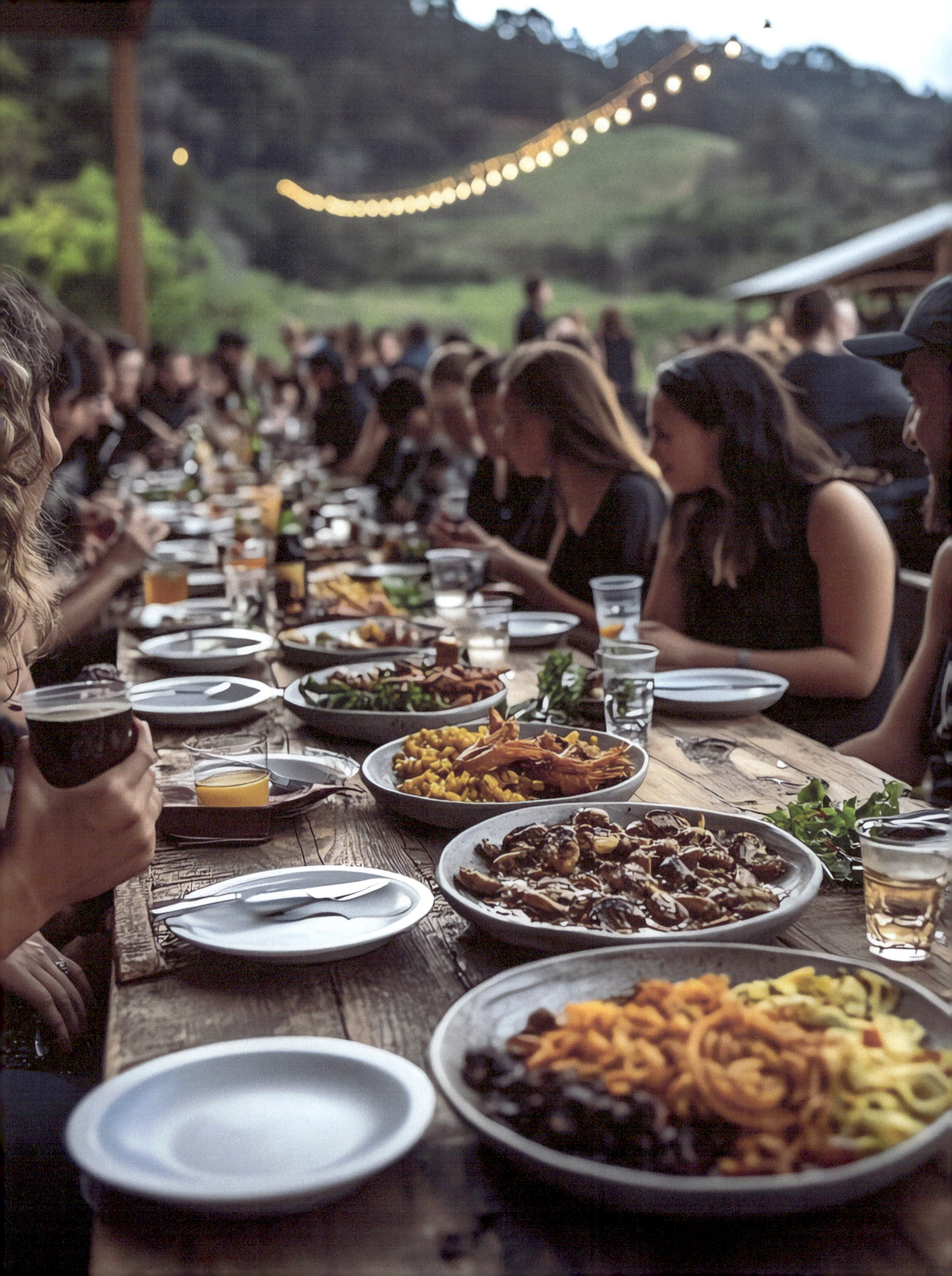

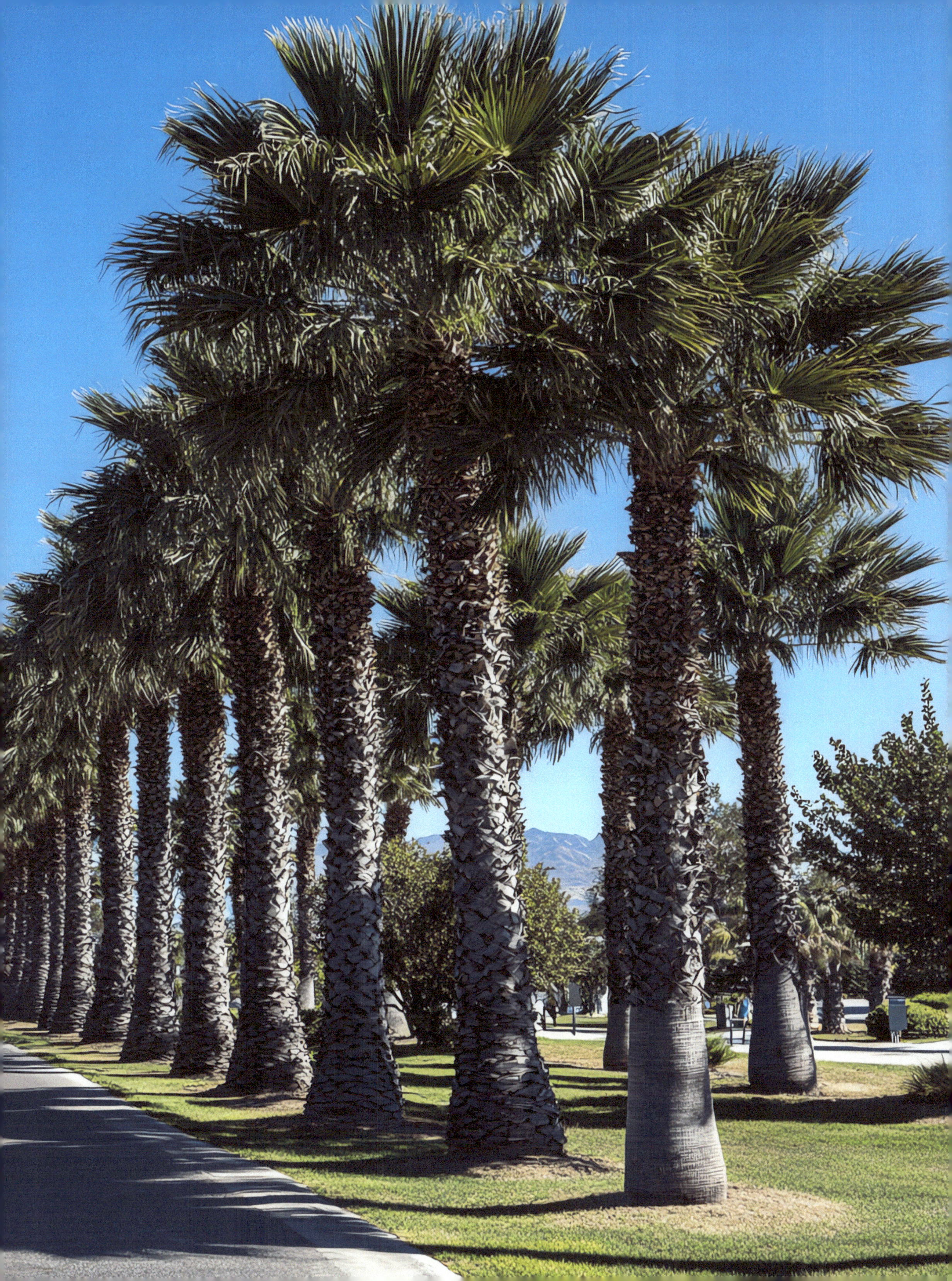

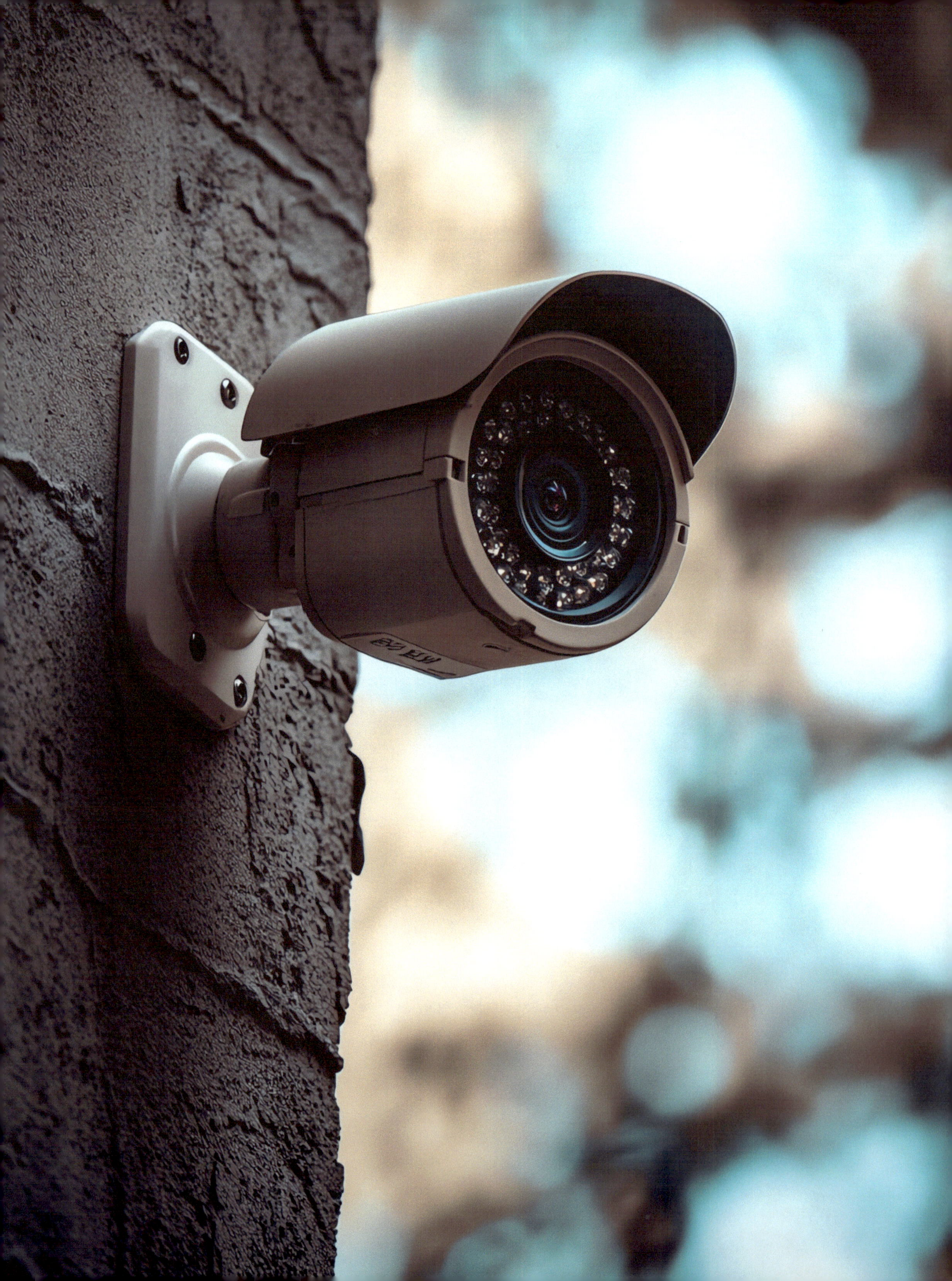